स्मृति के गलियारों से...

...एक खूबसूरत पहल

इन्द्रमणि साहू

टू साइन

प्रकाशक : ट्रू साइन पब्लिशिंग हाउस

पता : SY.N0.21/2 & 21/3, सोननहल्ली,

कृष्णराजपुरा, बेंगलुरु, कर्नाटक - 560049 भारत

ईमेल : truesignbooks@gmail.com

वेबसाइट : www.truesign.in

© लेखकाधीन

स्मृति के गलियारों से…
…एक खूबसूरत पहल

संपादक: इन्द्रमणि साहू

लेखन सहयोग: पूनम साहू, जितेन्द्र कुमार सिंह, मेरियन सोरेन, नरेन्द्र शर्मा, धरनीधर प्रसाद एवं श्वेता

लेखन समर्थन: PHF UK

ISBN: 978-93-5805-409-5

संस्करण: 2023

शुभकामना सन्देश

अपार प्रसन्नता का विषय है कि **श्री इंद्रमणि साहू** के द्वारा **स्मृति के गलियारों से...** पुस्तक का संपादन हुआ। मैं व्यक्तिगत रूप से पुस्तक में उद्धरण स्थलों एवं तथ्यों से लगभग परिचित हूं। कोडरमा का माइका माइंस क्षेत्र में काफी बड़ा बदलाव आया है। **समर्पण** की टीम को मैं बधाई देता हूं कि इन 8 सालों में उन्होंने बड़ा अच्छा व सराहनीय कार्य किया है। मैं गौरवान्वित महसूस कर रहा हूं कि **समर्पण** की टीम अपेक्षा के अनुरूप अपने को सांचे में ढाला है। जीवन और कार्यों के अनुभवों को समेटते हुए टीम सदस्यों ने इस पुस्तक को सारगर्भित और जीवंत बनाने का प्रयास किया है। मैं जानता हूँ कि इस इलाके में कई ऐसे कार्य हुए हैं जो स्पंदन पैदा करता है और प्रेरणा लेने को बाध्य भी। कुल मिलाकर यह पुस्तक **समर्पण** के कार्यों का अभिनव प्रयोग का एक छोटा सा प्रतिबिंब है। हमें पूरा विश्वास है कि यह पुस्तक आप सभी के लिए अत्यंत उपयोगी सिद्ध होगी और सीखने को भी मिलेगा।

वैसे, आज पूरी दुनिया में पानी को लेकर बहस छिड़ी हुई है। हर तरफ कई सवाल गूंज रहे हैं। शोर अब जिस गति से तेज हो रहा है कि लगता है हर समाज और देश को सचेत होना ही

पड़ेगा। हमारे पूर्वजों ने पानी को धरोहर के रूप में देखा है। धरोहर यानि एक पीढ़ी से दूसरी पीढ़ी को सौंपने-सजाने और संवारने का प्राकृतिक उपादान। इस सत्य को **समर्पण** ने पिछले 8 वर्षों में बखूबी अपने विभिन्न विधाओं और देशज तकनीकों का इस्तेमाल कर न सिर्फ सीखा बल्कि समाज को कुछ दिया भी। पानी-विज्ञान व पानी-संस्कृति का सृजन किया। मैं समझता हूं कि **पीएचएफ** के साथ **समर्पण** का 8 वर्षों की यह यात्रा और संबंध स्मरणीय रहेगा। इस यात्रा में हमारे सहयोगी **श्री श्वेतांक मिश्रा** का उल्लेखनीय योगदान रहा है। मैं उन्हें भी धन्यवाद देता हूं कि उन्होंने एक उभरते हुए सितारे और संस्था की पहचान कर पीएचएफ से जोड़ने का कार्य किया।

मैं समझता हूँ यह पुस्तक कोडरमा का माइका माइन्स क्षेत्र में पानी यात्रा और सामुदायिक विकास यात्रा का एक छोटा सा पड़ाव है। यात्रा जारी रहे इसके लिए ऊर्जा संजोते रहने, पीछे देखने और आगे का रास्ता पहचानने का कार्य **समर्पण** टीम की है। मैं एक बार फिर **समर्पण** टीम को हृदय से शुभकामनाएं देता हूं।

स्नेह !

सचिन सचदेवा

निदेशक, पीएचएफ, नई दिल्ली

अनुक्रम

जोहार

सबसे पहले **समर्पण** की ओर से अपने सभी शुभचिंतकों एवं दानदाताओं को कोटि कोटि बधाई एवं धन्यवाद! मैं उन सभी शुभचिंतकों का विशेष आभारी हूं जिन्होंने समर्पण के मूल्यों को बरकरार रखने, सींचने एवं पुष्पित-पल्लवित करने की दिशा में समय-समय पर अपनी प्रत्यक्ष-अप्रत्यक्ष ऊर्जा प्रदान की है। मैं उनका भी आभारी हूँ, जिन्होंने, परोक्ष या अपरोक्ष रुप से हमारे कार्यों की सराहना कर हमारी टीम की हौसला अफ़ज़ाई की है।

पॉल हेम्लिन फाउंडेशन का सहयोग एवं मार्गदर्शन न सिर्फ इस स्मारिका के प्रकाशन में बल्कि समर्पण को बाल्यावस्था से किशोरावस्था में पहुँचाने में अभूतपूर्व योगदान रहा है। जीवन भर शायद ही हम इन्हें भूल पाएंगे। यह सफरनामा हमें, हमारी टीम एवं सहमना संगठनों को भी एक दिशा एवं प्रेरणा पहुंचाएंगी, ऐसी आशा है। इसमें वही बातें एवं सीख दर्ज है जो हमलोगों ने शुद्ध मन से करके सीखा है। हम लोगों ने अपनी बौद्धिक सक्रियता के साथ-साथ क्षेत्र में रचनात्मकता का जो परिचय दिया है उसे संकलन करने का प्रयास किया गया है।

जैसा कि हम सभी जानते हैं कि आर्थिक एवं व्यवस्थापक परेशानियां हर दौर में रही है। इन सभी को जानते, समझते-बुझते हुए हमारी टीम ने जो पिछले कुछ सालों में कर दिखाया है उसे

कभी भूला नहीं जा सकता। कोई भी यात्रा पहला कदम उठाने से आरंभ होती है। इस तरह आज हम लोगों ने 18वें कदम तक की यात्रा पूरी कर ली है। अपने बोर्ड एवं सलाहकार समिति के सदस्यों का मैं आभारी हूँ कि उन्होंने मुश्किल समय में भी हमारा साथ नहीं छोड़ा बल्कि, अथक परिश्रम और लगन से संस्था के मूल्यों, विचारों एवं उद्देश्यों की पूर्ति की दिशा में डटे रहे। आंतरिक व्यवस्थाओं को सुदृढ़ करने, समय-समय पर नीतियों के निर्माण व संसोधन करने एवं सुचारु रुप से कार्यक्रमों को संपादित करने में अपनी भूमिका अदा करते रहे।

उधर, क्षेत्र में विभिन्न हितधारकों एवं जरुरतमंदों के साथ चर्चा-परिचर्चा कर व्यवस्था से लड़ने एवं योजनाओं को गांव तक लाने की दिशा में भी संघर्ष चलता रहा। हम अपनी टीम की दक्षता और विकास के लिए समय-समय पर उन्हें मांजते रहे हैं। परिणामस्वरुप, आज जिला एवं राज्य में अपनी एक अलग पहचान है। वर्ष 2020 में नाबार्ड के द्वारा राज्य में बेहतर क्रियान्वयन संस्थान के रूप में द्वितीय अवार्ड भी प्राप्त हुआ। इस अवार्ड ने हमारी टीम को काफी उत्साहित किया।

मैं खुलकर कहूँ तो हमलोगों ने पीएचएफ से जुड़कर अपने पिछले 8 सालों में रचनात्मक जीवन और कार्यों का खूब आनंद लिया। हर किसी से सहयोग और जुड़ाव स्थापित किया। मिलकर काम करने से जो शक्ति और विश्वास हमें मिला वह अनोखा है। आज हम सभी उसी शक्ति, विश्वास, क्षमता, पहचान और अनुभव को अलग-अलग क्षेत्रों में भुनाने का प्रयास कर रहे हैं। अलग-अलग दाता संस्थाओं से अनुदान प्राप्त कर अपने मूल्यों को स्थापित व विस्तार कर रहे हैं। वैसे कहा गया है कि यदि विश्वास चला जाये तो फिर कभी वापस नहीं आता है और यह विश्वास और भरोसा बड़ी मुश्किल से हासिल होता है। हम लोगों ने ईमानदारी, सच्चाई और पारदर्शिता की बदौलत ही पीएचएफ का विश्वास हासिल किया है और लम्बे समय तक अपनी प्रतिबद्धताओं को अपने जीवन और कार्यक्षेत्र में दोहराते रहे हैं। इस बीच हम सभी से खूब गलतियाँ हुई। परन्तु, सभी गलतियों से सीखे भी खूब। एक ही गलती बार-बार कभी नहीं दोहराए, यही वजह है कि आज मन में एक जशन जैसा भाव है। पीएचएफ से वैसे तो नाता गहरा हो चूका है परन्तु, परियोजना समाप्त होते ही अनाथ हो गए, ऐसा भी भाव मन में आता रहता है।

आगे, हम आप सभी को अश्वस्त करते हैं कि पीएचएफ सहित अन्य दाता संस्थाओं के सहयोग और विश्वास पर पूरी तरह खरे उतरेंगे। गांवों में पूरे शुद्ध मन से अपनी परियोजनाओं का क्रियान्वयन करेंगे। इस दिशा में आगे भी आप सभी का सहयोग एवं मार्गदर्शन की हमें आवश्यकता होंगी। एक बार फिर से आप सभी शुभचिंतकों को साधुवाद।।।।

-इन्द्रमणि साहू
सचिव समर्पण

पहला विज़िट : मुझे आज भी याद है

वैसे तो हमारे ऑर्गेनाइजेशन में कईयों परियोजना के प्रस्ताव आते हैं। इसी क्रम में समर्पण का भी आया। परन्तु, इनका परियोजना प्रस्ताव अन्य संस्थाओं से काफी भिन्न था। परियोजना प्रस्ताव कम, आर्टिकल ज्यादा लग रहा था। वह भी इंग्लिश में ट्रांसलेट किया हुआ। फिर मैंने जानने-समझने के उद्देश्य से समर्पण के साहू जी से बात की, फिर हिंदी वाली कांसेप्ट नोट्स मंगवाकर पढ़ा। अच्छा लगा। बातचीत में सच्चाई और स्पष्टता थी। फिर मैंने इनका ऑफिस और फील्ड देखने का निर्णय लिया। तय तिथि को मैं कोडरमा पहुंचा। वहां एक छोटे से ऑफिस में समर्पण का कार्यालय संचालित था। एकदम ठेठ गांव से संबंध रखने वाले 5-7 नौजवानों की टीम ने मुझे माइका माइंस क्षेत्र के बंगाखलार गांव लेकर गए। सच में, जंगलों एवं पहाड़ियों के बीच बसा यह गांव प्राकृतिक दृष्टिकोण से बड़ा खूबसूरत लग रहा था परन्तु, जब लोगों से मिला तो उनकी पीड़ा ने अन्दर तक हिला दिया, देखकर आश्चर्य हुआ कि आज भी झारखण्ड में ऐसे गांव हैं जहाँ लोगों को भरपेट भोजन क्या, नहाने के लिए पानी भी नसीब नहीं हो रहा है। छोटे-छोटे बच्चे ढिबरा चुनने जंगल जा रहे थे। किसी तरह पेट भर जाये, बस इसी बात की बैचैनी हर किसी में थी। अलग से कुछ करने या नया सोचने के लिए कोई नहीं मिला। वो

तमाम दृश्य मनोमष्तिष्क में समेटे हुए मजाक-मजाक में इच्छा जाहिर की कि हमलोग दोपहर में उसी ढाबे पर खाना खायेंगे, जहाँ बाल मजदूर काम कर रहे होंगे। फील्ड से लौटते समय खाना खाने के लिए डोमचांच के एक ढाबा में रुके। थाली परोसी गयी, संयोग देखिये, चंद मिनट बाद एक बच्चा आया और गिलास में पानी देने लगा। मैंने उससे पूछा-कहाँ घर है बाबू। उसने कहा बंगाखलार-तुरियाटोला। मैं अकचका गया। चूंकि मैं उसी टोला का विज़िट कर वापस कोडरमा आ रहा था। फिर पूछा पापा का क्या नाम है उसने जो बताया, संयोग देखिये मैं उन्हीं से पूछताछ कर वापस हो रहा था। चूँकि, उनका एक छोटा बेटा कुछ दिन पहले बंगलौर गया था, जहाँ तलाश एसोसिएशन नामक संस्था ने रेस्क्यू कर समर्पण संस्था के द्वारा उन्हें यहाँ पुनर्वासित कराया गया था। मुझे अब समझ में आया कि उन्होंने डर से यह नहीं कहा कि उनका एक और बेटा है जो ढाबे पर काम करता है। खैर, बच्चे से बात करने एवं कोडरमा का माइका-माइंस का क्षेत्र देखकर लगा कि इस क्षेत्र में बड़े व्यापक तरीके से कार्य करने की आवश्यकता है।

इधर, समर्पण टीम से बातचीत करने से लगा कि टीम में सच्चाई, इमानदारी, पारदर्शिता और कार्य करने की लगन भरपूर तो है। परियोजना प्रस्ताव ढंग से नहीं लिखा गया है तो क्या ? मूल भावना तो हु-बहु समेटा और पिरोया हुआ है। इनका हिंदी वाला कांसेप्ट नोट्स जब पढ़ा तो लगा मैं गांव को देख रहा हूँ। शब्द चित्रों के माध्यम से जो दृश्य उकेरा गया था, वह बिलकुल मन मोहने जैसा था। मैंने तभी निर्णय ले लिया कि इस टीम के साथ पीएचएफ कार्य करेगी। और फिर पार्टनरशिप में आगे बढ़ा और 8 साल का टर्म पूरा किया। पीएचएफ ने इस टीम पर जो भरोसा और विश्वास जताया था उस पर समर्पण पूरी तरह खरा उतरा। मैं व्यक्तिगत रूप से **समर्पण** के साहू जी एवं उनके टीम को वधाई देता हूँ और आशा करता हूँ कि जो कुछ सपने अधूरे रह गए हैं उसे भी पूरा करें।

स्नेह !
श्वेतांक मिश्रा
पीएचएफ

 स्मृति के गलियारों से...

स्मृति के गलियारों से

मुझे याद है पीएचएफ के द्वारा **समर्पण** को पहली परियोजना सन 2015 में स्वीकृत किया गया। इस परियोजना से मुझे जुड़ने का सुनहरा अवसर मिला। साक्षात्कार के दौरान जब पहली बार इन्द्रमणि भईया (जो आज मेरे गुरु तुल्य हैं) से हुआ तब मैंने मन ही मन सोच लिया कि यह हमारी संस्था है। उनके व्यक्तित्व से ऐसा लगा, मानो मेरी वर्षों की तलाश पूरी हो गयी। हमारा सपना था कि समाज के अंतिम व्यक्ति के लिए "कुछ" करता रहूं, वह इसी संस्था से जुड़े रहने से पूरा हो सकेगा। तब से लेकर आज तक मैं इसी संस्था में हूँ और रहूँगा। समाज के अंतिम वर्ग के लोगों के लिए "इतना कुछ" करूँगा कभी सोचा भी नहीं था। काम पहचान कायम कर ही देती है। आज **समर्पण** का नाम न सिर्फ कोडरमा जिला में बल्कि, राज्य के कई जिलों में है। लोग जब प्रशंसा से **समर्पण** का नाम लेते हैं तो दिल बाग़-बाग़ हो जाता है। हालाँकि, मैं पहले जिस संस्था में काम करता था वहां की कार्य संस्कृति कुछ ठीक नहीं थी, यही वजह थी कि मैं अन्य सभी संस्थाओं को एक ही पैमाने से देखने लगा था। जो यहाँ आकर मेरा भ्रम और पूर्वग्रह दूर हुआ।

शुरू से मेरे अन्दर समाज में बदलाव लाने का एक बड़ा जूनून था। मुझे इसके लिए एक मंच चाहिए था जो यहाँ मुझे मिला। सीमित संसाधन होते हुए भी मैंने कईयों की जिन्दगी में बदलाव

और चेहरों पर मुस्कराहट लायी, इसमें हमारी टीम का भी विशेष योगदान रहा। मुझे याद है जब हम सभी एक्सपोजर विज़िट में मिर्जापुर गए थे आर्थिक अनुसंधान केंद्र के कार्यक्षेत्र में तो वहां जो सीखा और जाना वह तो था ही, टीम मैनेजमेंट और साथियों के प्रति स्नेह, प्रेम, प्यार क्या होता है या क्या होना चाहिए यह भी जाना व सीखा। हमें वह दृश्य आज भी याद है जब हमारे एक साथी का तबियत अचानक खराब हो गयी तब इन्द्रमणि भईया ने खुद उनके शरीर पर तेल मालिश करना शुरू कर दिये। यह देख बहुत बड़ी प्रेरणा मिली। एक बार जब मुझे अंगुली में चोट लगी, तब भी उन्होंने मेरी मरहम-पट्टी कर मेरा हृदय जीत लिये। यह महज घटना या वाक्या नहीं बल्कि, टीम के प्रति श्रद्धा और सम्मान को प्रतिबिंबित करती है। मैंने पिछले लगभग 8 सालों में जो देखा है वह काफी सुकून और आत्मबल प्रदान करता है। कभी किसी से न भेदभाव और न ही किसी अन्य तरीके से शोषण हुआ। बल्कि, उन्होंने साथियों के हर मुसीबत में आर्थिक, सामाजिक व मानसिक सहयोग देने का कार्य किया हैं। मैंने उन्हें रात-रात भर काम करने के बाद सुबह उसी एनर्जी के साथ काम करते हुए देखा है। मुझे उनके साथ बाहर भी जाने का मौका मिला, वहां भी उन्हें अपने काम के प्रति जवाबदेह देख प्रफुल्लित हुआ हूँ। उनसे सीख कर ही आज मैं भी उन्हीं के पद चिन्हों पर चलने का प्रयास कर रहा हूँ। ईमानदारी, सच्चाई और पारदर्शिता मैनें उन्हीं से सीखी है। हालाँकि, इस मार्ग में बहुत कष्ट है पर शुकून खूब मिलता है।

स्मृति के गलियारों से...

क्षेत्र में गतिविधियों के बेहतर क्रियान्वयन एवं दस्तावेजीकरण की बात करूँ तो मैंने ज्यादातर अपने श्वेतांक सर से सीखा है। मुझे और मेरी पूरी टीम को काम करने और सीखने के लिए उनसे खूब आजादी मिली। अपने तरीके से अपनी क्षमता का प्रयोग करने का अवसर मिला। सच कहें तो हम सभी इस खुलेपन से ज्यादा सीखे हैं। हम सब एक नए दर्शन और चिंतन की दिशा में गए। हम सभी ने एक हद तक जिज्ञासा और अन्वेषण की प्रवृति आई। इस प्रक्रिया और आजादी से हम सभी ने तर्कपूर्ण एवं क्रमबद्धता को जाना। अनुभव और परिस्थिति के अनुसार भिन्न-भिन्न प्रकार की गतिविधियों को अपनाया। परियोजना के उद्देश्यों को आत्मसात कर पाए। दवाब में काम करते तो सिर्फ गतिविधियाँ संपादित करते, लोगों का अपनापन, संस्था एवं गांव के प्रति वो श्रद्धाभाव शायद नहीं ला पाते। इसके लिए श्वेतांक सर और इन्द्रमणि भैया को बहुत-बहुत धन्यवाद देता हूँ।

कार्य का मूल्यांकन करने का जो तरीका था वह कभी लगा ही नहीं कि कोई चीज़ मुझे या हमारी टीम के ऊपर थोपी जा रही है। खुद तय करते थे और क्रियान्वयन भी। मूल्यांकन भी खुद किया और आगे की रणनीति भी खुद ही तैयार की। सच कहें, बड़ा मजा आया। खुश होकर काम किया इसलिए खुशी ज्यादा मिली। किसी ने ठीक ही कहा है कि मालिक बनने से या इसका एहसास हो जाने से जिम्मेदारियां और कार्य में गुणात्मकता बढ़ जाती है।

मुझे इन्द्रमणि भईया की वह बात आज भी याद है जब उन्होंने अपनी पहली बैठक में कहा था कि खुशी प्राप्ति के लिए काम करियेगा तो जरुरी नहीं कि खुशी मिले, परन्तु, खुश होकर काम करियेगा तो मेरा दावा है खुशी अवश्य मिलेगी। हमें वह दिन भी याद है जब हमलोग फुटलहिया गांव में पहली दफा पहुंचे थे, तब सभी लोग डर से भाग खड़े हुए थे। बड़ी मुश्किल से लोगों को समझा बुझाकर वापस बुलाया और बैठाया, अपना परिचय दिया। जब नियमित रूप से उनके बीच जाने लगे तो फिर क्या आज वह पूरा टोला अपना गांव से कम नहीं लग रहा है। सभी का आधार कार्ड, जॉब कार्ड, वोटर कार्ड, राशन कार्ड भी बना और पहली बार उन लोगों ने वोट भी डाला। ऐसे कुल तीन गांव (टोले) थे जिन्हें पंचायत से जोड़ते हुए वोट डलवाने में मदद किये। हमलोगों को लगा कि 3 नए टोलों की खोज की है। जब इस क्षेत्र में काम करना प्रारंभ किया था तब गांव-टोलों तक जाने के लिए पक्की सड़कें तो दूर, ढंग की पगडण्डी भी नहीं थी। बार-बार उच्चाधिकारियों को जनावेदन देने, मुख्यमंत्री जनसंवाद में मामला दर्ज कराने एवं ग्राम सभा में मामले को उठाने से आज लगभग सभी गांव-टोलों तक पक्की या फिर पीसीसी सड़के बन गयीं हैं। अब तो यहाँ कुछ गाँव में मोबाइल नेटवर्क भी आ गया है। जिससे लोगों को काफी राहत मिली है। ये सब बड़ी उपलब्धियों में से हैं। सैकड़ों लोगों के पास अपना बैंक खाता नहीं था, लोग योजनाओं से वंचित थे, आज उन्हें यह सब प्राप्त हो रहा है। ढाब, बंगाखलार और ढोढाकोला जैसे सुदूरवर्ती पंचायतों की ओर सरकार और जिला प्रशासन का ध्यान आकृष्ट हुआ है। जनप्रतिनिधि भी अपनी पूरी सजगता के साथ अपनी जिम्मेदारी और दायित्व का निर्वहन कर रहे हैं।

स्मृति के गलियारों से...

कहा गया है कि अच्छे कार्य, एक अच्छी पहचान देती है। आज यही अच्छी पहचान हम एक अवसर के रूप में देखते हैं। कई छोटी-बड़ी दाता संस्थाएं आज हमारे साथ कार्य कर रही है। हमारे कार्यक्षेत्र का विस्तार हुआ और हमारी टीम का भी। सन 2015 में मात्र एक परियोजना थी, आज वर्ष 2023 में कुल 12 छोटी-बड़ी परियोजनाएँ और 4 जिलों में शाखा कार्यालय है। यह भी बड़ी उपलब्धियों में से हैं। न सिर्फ संस्था आगे बढ़ी है बल्कि हम सभी साथी भी अलग अलग विषयों में दक्ष हुए हैं। प्रशिक्षण देने आज दूसरे संस्थान में भी जाते हैं।

हमारे पूज्य पिताश्री परमेश्वर राणा एवं माता श्रीमती बिंदा देवी ने भी समय-समय पर मेरा हौसला बढ़ाने का कार्य किया है। मेरे माता पिता अक्सर कहते रहते हैं कि सब कुछ करना पर किसी के साथ, संस्था हो या व्यक्ति, दगा मत करना, विश्वास मत तोड़ना। हम उन्हीं सब की सकारात्मक ऊर्जा के साथ आगे बढ़ रहे हैं।

आप सभी के सहयोग की आशा में।

-शंकरलाल राणा

जिन खोजा तिन पाइयां

समर्पण में पीएचएफ समर्थित परियोजना से जुड़ना मेरे लिए बहुत ख़ास रहा। यह ऐसे मौके पर हुआ जब मेरी हालत बुरी तरह ख़राब हो चुकी थी। न जुडती तो पता नहीं क्या खाते, क्या करते, कहाँ जाते कुछ भी पता नहीं, पर ऊपर वाले एवं संस्था के वरीय साथियों की मेहरबानी से मुझ जैसी दिव्यांग को अपने संस्था में स्थान दिया। एक छोटी बेटी-बहन समझ कर सब कुछ सिखाया। यह हमें सदैव याद रहेगा।

सामाजिक जीवन जीने के लिए समर्पण मेरे लिए पहली संस्था है, जहाँ मेंने बहुत कुछ सीखा, कार्यालय और फील्ड में भी। सीखने के मकसद से मैं माइका माइंस क्षेत्र का विहड़ क्षेत्र ढोढाकोला, ढाब एवं बंगाखलार पंचायत के गांवों में जाती थी। जहाँ समुदाय के साथ बैठक करना, समस्याओं को सुनना एवं उस पर विचार कर आवश्यक पहल करना आदि कार्य शामिल थे। संस्था के द्वारा आयोजित प्रशिक्षण कार्यक्रमों में भी मैं भाग लेती थी, जहाँ मेरी सोच को धार मिली एवं संस्था ही मेरे लिए घर, खेत-खलिहान जैसा हो गया। हालाँकि, मेरे लिये ये सभी कार्य बिल्कुल नया था। शरीर की कमजोरी से मैं काफी हताश थी, परन्तु, सामाजिक समझ और ज्ञान

ने जो हौसला दिया वह कभी भुलाया नहीं जा सकता है। आज मैं कईयों को राह दिखा पा रही हूँ। इसका श्रेय समर्पण को जाता है।

पिता की मृत्यु के बाद जब मैं पूरी तरह नि:सहाय हो गयी तब समर्पण ने मुझे अंगुली पकड़ कर सामाजिक क्षेत्र में पांव रखना सिखलाया। मेरी चाह और मेहनत ने मुझे कामयाबी के इस पायदान पर पहुंचा दिया है। आज मैं जो कुछ कर पा रही हूँ अपनी बहनों एवं माँ के लिए, उससे गजब का और अलग सा सुकून मिलता हैं।

-आरती कुमारी

आनंद की अनुभूति : ढिबरा वाले क्षेत्र में अब खेती बना आजीविका का श्रोत

हमें गर्व है कि हमारा कोडरमा जिला अभ्रख नगरी कहलाता है (था)। विश्व के मानचित्र पर कोडरमा माइका के लिए प्रसिद्ध है। यहाँ के लोगों की आजीविका का मुख्य साधन ढिबरा ही है। जो आसानी से उपलब्ध हो जाता है। इसलिए इस क्षेत्र के लोग पलायन नहीं करते हैं। बल्कि, अन्य जिलों को भी रोजगार देने का कार्य करते है। लोग चोरी-छिपे ढिबरा चुनते हैं और बेचते हैं। कई जिलों के आदिवासी समुदाय के लोग यहाँ आये और जंगलों के बीच रहने लगे। अपना गांव-टोला बसा लिया और ढिबरा चुनकर अच्छे से गुजरा कर रहे हैं। ये आदिवासी परिवार ढिबरा चुनने के साथ-साथ सखुआ के पत्तों से पतल बनाना, दतवन बेचना, सूखी लकड़ी को जलाकर कोयला बनाना, केंदु का फल, महुआ चुनना आदि कार्य करते हैं।

सरकार की नज़र में ढिबरा चुनना एक अवैध कार्य है। इसलिए, ढिबरा चुनकर अपना जीवनयापन करने वाले मजदूरों पर प्रशासन का कहर लगातार जारी है। लिहाज़ा, लोग पलायन

को मजबूर हो रहे हैं। ढिबरा बंद हो जाने से अपराध की संख्या में इज़ाफा होने लगा। बाल मजदूरी, बाल तस्करी, वेश्यावृत्ति जैसे अपराध बढ़ने लगे। लोगों की कमाई घटी तो इसकी सीधी मार बच्चों और महिलाओं पर पड़ी।

इस परिस्थिति में समर्पण के द्वारा 20 गांवों को अपने ढंग से सींचने का प्रयास किया जा रहा है। विविध गतिविधियों के साथ-साथ लोगों की आय में बढ़ोतरी एवं खेती से जुड़ने के लिए लगातार प्रयास किये गए। इसके लिए जल, जंगल और ज़मीन जरुरी थी। इसके बचाव एवं संवर्द्धन के लिए गांव-गांव में समितियां बनाई गयी। वनोत्पाद से आय बढ़ाने के साथ-साथ कुछ चुनिंदा इच्छुक लोगों को एसेट सपोर्ट भी दिया गया। टेक्निकल सपोर्ट, प्रशिक्षण आदि जारी है।

लोगों को अधिकारों और योजनाओं को लेकर नियमित रूप से जागरूक बनाने, खेती और पोषण बगिया को अपनाने, जैविक खेती के माध्यम से ज़मीन और कमाई बचाने, स्थानीय बीज का संरक्षण करने आदि बिन्दुओं पर लगातार चर्चा की जा रही है। जरुरत के अनुसार संस्था के द्वारा समय-समय पर बीज, प्रशिक्षण आदि भी दिए। चूँकि, पानी जीवन का आधार है इसलिए, इसकी उपलब्धता हेतु कुआं, चेक डेम, बोराबांध आदि के लिए लोगों को प्रेरित किया गया। संस्था के द्वारा उन्हें प्रोत्साहन हेतु गेती, कुदाल, राशन, सीमेंट आदि सामग्री मुहैया कराई गयी।

 स्मृति के गलियारों से...

पानी पटवन हेतु मोटर पम्प भी उपलब्ध कराया गया। जैविक खाद निर्माण की विधि बताई गयी। उक्त सभी साधनों एवं संसाधनों आदि के माध्यम से लोगों ने जैविक खेती करना प्रारंभ कर दिया। नतीजतन आज इस क्षेत्र में मौसम के अनुसार सब्जियां, तेलहन, दलहन, आदि होता देख मन आनंद से खिल उठता है। हलाँकि लोगों के पास पर्याप्त ज़मीन नहीं है। फिर भी लोग पोषण बगिया और थोड़ी सी ज़मीन में ही आज अपने उपयोग भर फसल उगाने लगे हैं। ख़ुशी इस बात की है कि लोगों ने अपनी आय का जरिया खेती और पोषण बगिया को चुना। दूसरी ख़ुशी इस बात की है कि इससे क्षेत्र में कुपोषित बच्चों की संख्या कम हुई। लोगों की थाली में मौसम के अनुरूप साग-सब्जियां आ गयी। भरपेट खाने को मिलने लगा।

वाह ! अब गांव तक पक्की सड़कें

इस क्षेत्र की स्थिति बड़ी अजीब थी। लोगों के पास मुख्य मार्ग तक जाने के लिए कोई ढंग का रास्ता तक नहीं था। बरसात के दिनों में आना-जाना और भी दूभर हो जाता था। ज़रा सोचिये, सड़क, पानी, बिजली और आज की तारीख में मोबाइल नेटवर्क न मिले तो जीवन की कल्पना करना कितना मुश्किल है। इन्हीं मुश्किलों के साथ लोग जीवन जीते थे। बाकी सुविधाओं का हाल भी खस्ता था। सरकारी योजनाएं इक्का-दुक्का ही थी।

हमारी टीम लगातार इन सभी सवालों को लेकर पहल करती रही। कहा जाता है कि लगातार प्रयास रंग जरुर लाता है। सो, समय जरुर लगा पर रंग आया। जिन स्कूलों में दियांड था, मुर्गियों और कुत्तों का बसेरा था, आज वहां गांव के सभी बच्चों का जीवन संवर रहा है। जो बच्चे ढिबरा चुनने जंगल जाते थे आज उनके हाथों में किताबों का बस्ता है। राशन व अन्य योजनाएं जिनके पास नहीं थी आज वे सुविधाओं से लैस हैं। लोग आपस में बैठते हैं और समुदाय के विकास की चर्चा करते हैं, योजना निर्माण करते हैं और फिर उसका क्रियान्वयन। यह सब देखकर मन प्रफुल्लित होता है। चूँकि सोचा भी यही गया था। हमारे जीवन की असली कमाई और सफलता यही है। आज जब पक्की सड़कों से होकर शिवटोला, गोरियाडीह जाते हैं तो मन की बाछें खिल उठती है। इन इलाकों के बच्चें होटलों, गैराजों, ढाबों या माइका खदानों में जब दिखाई नहीं देते हैं तो फिर क्या कहना, मन यह सोचने को बाध्य हो जाता है कि सच में, कोशिश करने वालों की कभी हार नहीं होती।

स्मृति के गलियारों से…

लोगों ने आज ढिबरा के साथ-साथ जीविकोपार्जन के लिए वैकल्पिक साधन चुन लिए हैं जैसे खेती, पशुपालन, छोटी-बड़ी दुकान, माइका गरम मसाला पैकिंग कार्य, जड़ी बूटी संग्रह कार्य, सिलाई-बुनाई आदि। वैसे कहा जाता है कि पानी है तो सब कुछ संभव है। बस यही हुआ कि बोराबांध, पत्थर बांध, तालाब, डोभा, कुआं आदि हो जाने से खुशियाँ लौट आई है। परन्तु, उतना भी नहीं जितना होना चाहिए। महिलाएं जो कभी बैठक, ग्राम सभा आदि में जाना मुनासिब नहीं समझती थी, वे आज जनता दरबार में, तो ग्राम सभा में अपने गांव की समस्याओं को रख रहीं हैं। गांव में शिशुगृह (बाल बगैचा) चला रही है, किशोरियां दूसरों को शिक्षा प्रदान कर रही हैं। ऐसा देख भला किसका मन ख़ुशी से नहीं झूमेगा ?

शुरुआती दौर का गाँव और आज

भक्ति भाव एवं श्रद्धाभाव से किया गया हर कार्य जरुर रंग लाता है। बेबस, बेसहारा, असहाय एवं उपेक्षित लोगों की दुआएं अपरंपार मिलती हैं। हमारे प्रयासों का एक रंग ऐसा ही है। हमारी टीम जो भी, जितना भी कुछ करती है पूरी तरह समर्पित भाव से करती है, श्रध्दा से करती है, भक्ति भाव से करती है। एकला चलो रे, जैसे गीतों की प्रेरणा एवं पर्यावरण बीज श्री घनश्याम जैसे गुरु की राह पर चले आज संस्था के सचिव इन्द्रमणि साहू एक सामाजिक हस्ती के रूप में पहचान बना रहे है। जिले के अलावा अन्य राज्यों में भी समर्पण का नाम विख्यात होता जा रहा है। मेरा मानना है कि नाम और पहचान के लिए कुछ करना पड़ता है, बहुत सहना पड़ता है, चलना पड़ता है बिना रुके, बिना थके। श्री साहू फ़िलहाल यही कर रहे हैं। दिन हो या रात, 18-18 घंटे तक के प्रयास से न सिर्फ उनकी छवि चमकी है बल्कि, कई गांवों की तस्वीर भी बदली है।

जंगल बचाने की मुहीम एवं सुशीला हत्याकांड के अभियुक्तों की गिरफ़्तारी के लिए नुक्कड़ नाटक की ताकत ने श्री साहू को और उनकी संस्था समर्पण को यह मुकाम दिया है। आज कई ऐसे गांव हैं जहाँ उनके सपनों के वृक्ष तैयार हो रहे हैं, तो कहीं फल फुल रहे हैं। माइका माइंस क्षेत्र के 460 भूमिहीन परिवारों में से जिन 230 लोगों को भूमि पट्टा मिला है वे आज गर्व से अपनी ज़मीन पर प्रधानमंत्री आवास योजना के तहत घर बना कर रह रहे हैं। एक समय था जब इधर के दर्जनों गांवों के लोगों के पास आधारकार्ड, वोटरकार्ड, राशन कार्ड या बैंक पासबुक नहीं थी और आज जब उन्हें वोट देकर लौटते और राशन का झोला भरकर लाते देखते हैं तो

खुशियाँ दोगुनी हो जाती है। कई लोगों के पास रहने के लिए लकड़ी/पत्तों से बना घर था, आज उनके पास प्रधानमंत्री आवास है। हालाँकि, यह काम इतना आसान नहीं था। परन्तु, सूझबूझ और धैर्य से काम करने से प्रतिफल अच्छा होता है। वैसे, दलाल, भूमाफिया, मानव तस्कर जैसे लोगों से सामना हर कोई करता है, हमलोगों को भी करना पड़ा। स्कूलों में दियाड उठ गया था। मुर्गी और कुत्तों का बसेरा बना हुआ था। बच्चे माइका खदानों में थे। आज स्कूलों में बच्चों को खेलते-पढ़ते देख मन खिल उठता है।

गाँव और सहभागी शिक्षण

आंदोलनात्मक गतिविधियों में शामिल रहने एवं लम्बे समय से विविध ट्रेनिंग प्रोग्राम में पार्टिसिपेट करने से हम सभी में यह अवधारणा बन गयी थी कि हम सभी बहुत कुछ जानते हैं। अब हमलोगों को सीखने की क्या जरुरत है ? परन्तु, प्रेक्सिस की टीम के संसर्ग में आने से ज्ञात हुआ कि अभी बहुत कुछ सीखना शेष है। अभी तो सिर्फ ऊपर-ऊपर जाना है, तह तक, गहराई तक जानने और उसका विश्लेषण करना तो सीखा ही नहीं हैं। फिर क्या था, गांव को जानने एवं उसका सामाजिक आर्थिक सांस्कृतिक विश्लेषण करने की प्रक्रिया सीखी। पीएचएफ के द्वारा, पहले के दो साल लर्निंग-अनलर्निंग प्रोसेस में रहने और चीजों को गहराई से जानने-समझने, पुराने पूर्वाग्रह से ऊपर उठने के लिए सहयोग किया गया। यह हमारी टीम के लिए एक नए अवसर की तरह था। जिसका हमलोगों ने भरपूर लाभ उठाया। सच कहें तो, जब इस प्रक्रिया में आये तो लगा कि अभी तो कुछ जाना ही नहीं था। अब जो सीख रहा हूँ वह असली जानकारी है। और तो और, सीखना तो आसान था परन्तु, भूलना बड़ा कठिन था। और दो सालों में हम सभी ने यही किया। इस प्रोसेस में हमलोगों ने जो सीखा वह बड़ा अनोखा था। गांव को भी जाना। गांव को जानने के लिए जो टूल्स का इस्तेमाल किया वह कुछ इस प्रकार है:

- सामाजिक नक्शा

- भूमि उपयोग नक्शा

- मौसमी नक्शा

- गतिशीलता मानचित्र

- Force Field Map

- Well Being Map

- Cord Sorting

- व्यवासायिक कैलेंडर

- Matrix Scoring Board

 स्मृति के गलियारों से...

- दैनिक दिनचर्या
- मक्करजाल
- काम/व्यवहार
- प्रोब्लम ट्री

इसके अलावा सभी विषयों पर अवधारणा पत्र, प्रक्रियाओं, स्वरूपों, गतिविधियों, प्रशिक्षण मॉड्यूल, आईईसी सामग्री और विभिन्न प्रणालियों और सामग्री का डिजाइन और मानकीकृत किया गया। संबंधित विभागों और फ्रंटलाइन वर्कर्स के साथ नियमित मिलकर कार्यान्वयन रणनीति तैयार की गयी। ऐसा कर न सिर्फ गाँव को जाना बल्कि खुदको भी समझ पाया।

अब हम अधिकारों को पहचानते हैं
और उनका दावा करते हैं

रोजमर्रा की जिंदगी में हम अकसर अधिकारों की चर्चा करते हैं। गांव हो या शहर, वोट देने, नेता चुनने, चुनाव लड़ने जैसे अधिकारों की चर्चा अवश्य करते हैं। परन्तु, स्वच्छ वायु, सुरक्षित पेयजल, वैकल्पिक रोजगार, शिक्षा, आवास, बेहतर स्वास्थ्य, नेटवर्क आदि की चर्चा शायद ही करते हैं। यदि यदा कदा होती भी है तो उचित प्रोसेस और जानकारी के आभाव में दावा नहीं हो पाता है। जबकि, साक्ष्य के साथ दावा करने के विविध तरीके हैं। यदि यह किया जाये तो हमें अधिकार अवश्य मिलता है। उच्चाधिकारी या नेता जरुर एक बार सोचने को विवश होते हैं। इसी मकसद से हमने इस क्षेत्र में नियमित सामुदायिक बैठक की एवं मुद्दों को समझने एवं उसे एकत्र करने का कार्य किया। विभिन्न बैठकों में अक्सर उठने वाले मुद्दे एवं कुछ महत्वपूर्ण तथ्य इस प्रकार है:

स्मृति के गलियारों से...

- बंगाखलार एवं ढोढाकोला में हाईस्कूल नहीं रहने से 8वीं के बाद बच्चों की पढ़ाई नहीं हो पाती है। ढाब में हाई स्कूल है परन्तु पर्याप्त टीचर नहीं है।

- माईका-माइंस से आच्छादित सभी 171 गांवों के स्कूलों में शिक्षको की कमी, गुणात्मक शिक्षा एवं संसाधनों का घोर अभाव है। पढाई, खेल-कूद आदि के लिए कोई सुविधा या व्यवस्था नहीं है। ज्यादातर स्कूलों में चापानल/पानी, चाहरदिवारी आदि नहीं है। मध्यान भोजन/पोषाहार आदि की हालत खास्ता है।

- स्कूली छात्र-छात्राओं को प्रोत्साहन हेतु विविध कार्यक्रमों का आयोजन, प्रतियोगिता एंव एक्सपोजर जो समय-समय पर होना चाहिए। वह नहीं होता है।

- एसएमसी के सदस्यों को विद्यालय व बच्चों के प्रति रूचि नहीं है। कई स्कूलों में एसएमसी के सदस्यों व शिक्षकों के नाम तक नही लिखा गया है।

- क्षेत्र में लगभग परिवारों को शौचालय मिल गया है परन्तु, पानी के आभाव के कारण सही तरीके से उपयोग नही हो रहा है। जो शौचालय बन रहा है या बना हुआ है उसमें क्वालिटी की कमी हैं।

- बिरहोर समुदाय के बच्चे स्कूल में नहीं हैं या फिर आना नहीं चाहते हैं। इसके लिए वैकल्पिक स्कूल या रिमेडियल क्लासेस की आवश्यकता है।

- आठवीं के बाद अक्सर किशोरियों की पढ़ाई छूट जाती है और उनकी शादी कर दी जाती है। ऐसे बच्चियों/ किशोरियों के लिए लाईफ स्कील एवं स्कील आधारित प्रशिक्षण की आवश्यता है। कस्तुरबा विद्यालयों में इस क्षेत्र की किशोरियों का नामांकन जरूरी है।

- आदिवासियों व गांव की परंपरा को कैसे बचाया जाए, जंगल किस प्रकार बचा सकते हैं, यह इस इलाके की बड़े सवालों में से एक हैं।

- रांची के खुंटी, तोरपा, सिमडेगा आदि इलाकों से आये लोगों के द्वारा जंगल उजाड़ कर गांव बसा लिया जा रहा है। ऐसे लोगों के पास सरकारी योजनाओं व सुविधा नहीं पहुंची है।

- ढिबरा बंद होने से अब इस इलाके के लोग भी रोजगार के लिए अन्य शहरों में पलायन करने लगे हैं। इसमें बच्चें भी शामिल हैं। स्थानीय स्तर पर वैकल्पिक रोजगार या खेती के लिए प्रशिक्षण व जागरूकता की आवश्यता है। एनआरएलएम, जेएसएलपीएस, डीडी यू-जीकेवाई, मनरेगा, कृषि, मत्स्य पालन, बागवानी, पशुपालन आदि विभागों की सक्रियता इस क्षेत्र में ज्यादा होनी चाहिए।

- गर्मियों के मौसम में पानी की भारी किल्लत होती जा रही हैं जबकि, इस इलाके में कई जीवंत नाले, नदी, जोरिया है जहाँ पानी के लिए एवं वर्षा जल संरक्षण हेतु पहल की जा सकती है।

- छीजन, बाल विवाह/ठगी विवाह, नशापान/शराब आदि की समस्या हर गांव में व्याप्त है।

- आंगनबाड़ी केंद्रों में आधारभूत संरचनाओं व सुविधाओं का घोर अभाव है। 171 गांवों में से मात्र 82 गांवों में ही आंगनबाड़ी केंद्र है। शेष गांवों में आंगनबाड़ी केंद्र की आवश्कता है।

- विधालय उत्क्रमण की घोषणा होने के बाद भी आज तक उत्क्रमण नहीं हो पाया हैं।

- इस क्षेत्र के 80 प्रतिशत लोगों के पास सरकारी योजनाओं व नीतियों की जानकारी नहीं है। ऐसे वंचित परिवारों को चिन्हित कर योजनाओं से जोड़ा जाना ज़रुरी है। साथ ही, विभागीय स्तर से बडे पैमाने पर इस क्षेत्र में जागरूकता अभियान चलाने की आवश्यकता है।

- कच्ची व पगडंडी के रास्ते से होकर जाने वाले गांवों में पक्की सडक की मांग वर्षों से हो रही है।

स्मृति के गलियारों से...

- इस क्षेत्र में टेलिफोन नेटवर्क नहीं रहने से संचार आदि सुविधा का लाभ नहीं मिल रहा है। चाइल्डलाइन सेवा, मुख्यमंत्री जनसंवाद 181, पुलिस सेवा 100 या एम्बुलेंस सेवा आदि के लिए भी फोन नहीं लगता है।

- एफआरए के तहत भूमि पट्टा के दावेदारों को ज़मीन दिया जाना जरूरी है। बंगाखलार, ढाब एवं ढोढाकोला में 460 परिवार भूमिहीन है।

- इस क्षेत्र में लोग स्वरोजगार करने के इच्छुक हैं लेकिन, उनके पास पूँजी व प्रशिक्षण न होने के कारण वे इस दिशा में आगे नहीं बढ़ पा रहे हैं। इसके लिए नाबार्ड एवं अन्य बैंकों को आगे आने की जरूरत है।

संघर्ष एवं पुनर्निर्माण जारी है...

छोटी संस्थाएं अपने स्तर से खूब प्रयास करती है कि उन्हें विदेशी अनुदान मिले, परन्तु, यह बहुत टेढ़ी खीर है। समर्पण ने भी विदेशी अनुदान के लिए क्या नहीं किया ? कंसलटेंट' हायर कर प्रपोज़ल लिखवा कर कहाँ-कहाँ नहीं भेजा ? लगातार 9 सालों तक यही करता रहा परन्तु एक भी विदेशी अनुदान नहीं मिला। यूँ कहें कि एजेंसी तैयार नहीं हुई। हिम्मत डोल भी रहा था तो दूसरी तरफ उम्मीद थी अपने कार्यों एवं विचारों पर। इसी उम्मीद ने पीएचएफ तक पहुँचने में मदद की। पहला अनुदान देने वाली संस्था पीएचएफ ने न सिर्फ कार्य के लिए अनुदान दिया बल्कि क्षमता वर्धन के लिए भी सहयोग किया। इनके सहयोग से हमारी टीम ने विविध विषयों पर खूब ट्रेनिंग ली। जितना पिछले 11-12 सालों में नहीं सिखा, उससे कहीं ज्यादा इन 8 सालों में सीखा, वह भी समुदाय के साथ रहकर, बिल्कुल ग्रासरूट स्तर की जानकारी, जो हम सभी को जीवन और सामाजिक क्षेत्र में हर समय काम आ रही है। कुल मिलाकर किसी भी चीज को देखने-समझने या विश्लेषण करने का नज़रिया ही बदल गया।

अभ्रक से जुड़े परिवारों को सरकारी सुविधाएं मिले, इसके लिए प्लान तय किया गया। लोगों के पास न आधार कार्ड था, न राशन कार्ड और न ही वोटर कार्ड। बच्चों को स्कूल में रहना चाहिए परन्तु, मजबूरन वे अक्सर माइका खदान में मिलते थे। माता- पिता भला बच्चों की शिक्षा की चिंता क्यों करे ? उनका कहना था कि' पहले पेट की आग बुझेगी तब तो स्कूल दिखाई देगा। हम लोगों ने पाया कि इस क्षेत्र में सबसे पहले ज़रूरी है भोजन। वैसे भी भोजन खाने के बाद ही हम सभी का दिल, दिमाग़ काम करता है। उसके बाद चाहिए होती है शिक्षा। यहाँ भी पेट की आग बुझाने की चिंता सभी में थी। शिक्षा उनकी प्राथमिकता में थी ही नहीं। इसी चिंता की वजह से हम सभी, मासूमों को होटलों व ढाबों में जूठे प्लेट-ग्लास धोते देखते थे। नौनिहालों का भविष्य संवारने के लिए किये जा रहे खर्च की सार्थकता कही दिखाई नहीं दे रही थी।

हमलोगों ने तय किया कि पहले आजीविका और पानी प्रबंधन के लिए कार्य किया जाये। जब आजीविका और पानी के लिए कार्य होगा तो उन्हें खुद ब खुद स्कूल दिखाई देने लगेगा। जब तक पेट खाली है स्कूल नहीं दिखाई देगा। यह बात हमलोगों में घर कर गई। फिर क्या था, हमलोगों ने अपना उद्देश्य तय किया, रणनीति बनायीं और फिर कार्य करना प्रारंभ किया।

हमारा उद्देश्य:

- माइका माइन्स एरिया की समस्याओं पर समझ बनाना एव जन प्रतिनिधि, प्रशासन एवं सरकार तक उनकी आवाज को पहुंचाना।

- ढिबरा पर निर्भर मजदूरों की समस्या के समाधान के लिए सहभागिता के आधार पर आजीविका के लिए बेहतर कार्ययोजना तैयार करना।

- जनप्रतिनिधियों, कार्यरत संस्थाओं, अधिकारियों एवं प्रगतिशील लोगों के साथ समन्वय स्थापित कर सरकार की योजनाओं का बेहतर क्रियान्वयन करना।
- माइका माइन्स क्षेत्र में वैकल्पिक आजिविका/रोजगार की संभावनाओं को ढूंढना एवं क्रियान्वयन करना।
- माइका-माइंस क्षेत्र के सभी गांवों में हक, अधिकार एवं सरकार की नीतियों एवं योजनाओं को लेकर व्यापक जागरूकता लाना।

क्षेत्र को समझने के लिए निम्न 6 महत्वपूर्ण बिन्दुओं पर फैक्ट फाइंडिंग किया:

1.   **Aspirations**   2.   **Income & Wage Pattern**

3.   **Social Security**   4.   **Negotiations**

5.   **Dignity**   6.   **Nutrition/Health & Safty**

आंकडों में कोडरमा का माइका माइंस एरिया

अलग-अलग माध्यमों से जब उक्त बिन्दुओं पर कार्य प्रारंभ किया और जो निष्कर्ष आया वह बिलकुल चौकाने वाले थे:

माइका-माइंस क्षेत्र में आजीविका के साधन

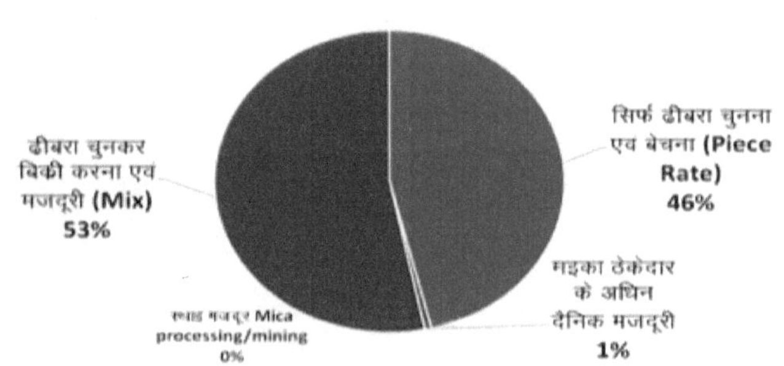

इस क्षेत्र के लगभग आधी आबादी आजीविका के लिए ढीबरा पर निर्भर है

स्मृति के गलियारों से...

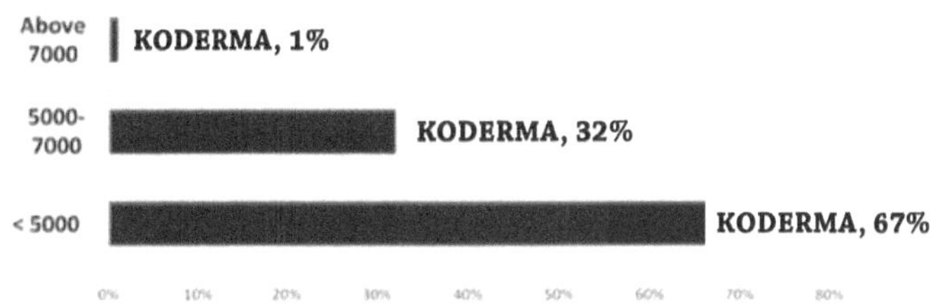

लगभग आधी आबादी का आजीविका ढ़ीबरा पर निर्भर है

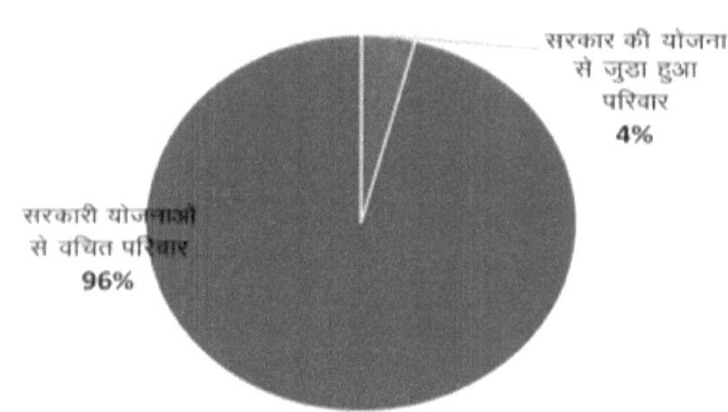

अधिकांश अभिवंचित परिवार किसी भी तरह के योजनाओं से जुड़ नहीं पाया है

ठीक इसी तरह शिक्षा का स्तर देखें तो यह देखा-पाया गया :

लड़कियों की शिक्षा न के बराबर थी। बाल विवाह की प्रथा आम थी। अधिकतर लड़कियों की शादी 14 से 15 वर्ष की आयु में हो रही थी। पीएचएफ के सहयोग से समर्पण के द्वारा जब इस क्षेत्र में परियोजना प्रारंभ हुई तो छोटी बड़ी समस्यायों पर अंकुश लगना प्रारंभ हुआ। संस्था के साथियों ने समुदाय के साथ नियमित संपर्क स्थापित और बैठक आदि कर क्षेत्र में व्यापक प्रचार-प्रसार किया। हलांकि, इन गाँवों में मूलभूत सुविधाओं का भी घोर अभाव था। लोग जैसे-जैसे जागरूक हुए, अधिकारों को समझने लगे, मुद्दों पर इकट्ठा होने लगे वैसे-वैसे मुद्दे प्रखंड, जिला और राज्य तक उछलने लगे। उच्चाधिकारियों का ध्यान उक्त क्षेत्र पर गया। ब्लॉक कार्यालय या जिला ऑफिस से अधिकारी क्षेत्र में पहुँचने लगे। यह सब देख लोगों में आशा की किरण जगी।

जैसा कि हम सभी जानते हैं कि शराब सेहत के लिए बहुत ही हानिकारक है। शारीरिक, मानसिक, वैचारिक एवं आर्थिक रूप से कमजोर कर देती है। हलांकि, इस एरिया में शराब का चलन आम है। लोग छोटी उम्र से ही पीना शुरू कर देते हैं। चूँकि, वे अपने बड़े बुजुर्गों से सीखते हैं नतीजतन, इस क्षेत्र में अधिकांश लोग टी. बी., दमा आदि रोगों से ग्रसित हैं। हमलोगों ने यह भी पाया कि इस क्षेत्र में अधिकांश लोग महाजनी प्रथा में बुरे फंसे थे। छोटी-छोटी जरूरतों के लिए भी लोग कर्ज लेने को विवश थे। शराब का प्रचलन हर गांव में था, आज भी है। हलांकि, इस मुद्दे पर हर गांव में, हर समूह में चर्चा की गयी। रैलियां निकालीं गयीं, प्रशासन से सहयोग मांगा गया। कुछ तो असर हुआ परन्तु, पूरी तरह पाबन्दी नहीं लगी। लेकिन दूसरी ओर फायदा यह हुआ कि महिला समूह बना, बचत की और महाजन से जो लोन लेने का रिवाज था उससे मुक्ति मिली। आज की तारीख में महिलाएं समूह बैंक एवं एनएलआरएम से जुड़ गयी है और विभिन्न योजनाओं का लाभ ले रही हैं। हलांकि, इस दिशा में काम करने की जरुरत शेष रह गयी है।

पंचायत चुनाव तो हुए परन्तु, प्रतिनिधियों को अपने कार्यों, दायित्वों से कोई विशेष वास्ता नहीं था या यूँ कहें कि उन्हें इस बारे में विशेष जानकारी नहीं थी। गावों में सड़क, बिजली, पानी तथा स्वास्थ्य सुविधाएँ मुकम्मल हो, इसके लिए उन्हें ही प्रयास करना होता है। विद्यालय में शिक्षक कम है या संसाधन की कमी है तो इसके लिए भी वही जिम्मेदार हैं। इस पंचायती राज व्यवस्था में एक प्रतिनिधि को बहुत पावर दी गयी है। इस्तेमाल नहीं कर पाना दूसरी बात है। बस इसी बात की चिंता ने समर्पण टीम को बल दिया और वे दिन-रात मेहनत कर, विभिन्न स्तरों से अपनी जानकारी बढ़ाकर, क्षेत्र में उसे इस्तेमाल करने लगे। बहरहाल, आज पीआरआई मेंबर्स हों, शिक्षक हों या फिर एसएमसी. सदस्य, सभी अपने कर्तव्यों के प्रति जवाबदेह बने हुए हैं।

स्मृति के गलियारों से...

पहले इस क्षेत्र के लोग नदी किनारे चुआं खोदकर पानी पीने को वाध्य थे। आज कुआं, चापानल या फिर टंकी का पानी पीते हैं। डायरिया, लीवर, चर्म रोग, घुटनों का दर्द, आदि की शिकायत में भी कमी आई है।

गाँव में उपलब्ध सुविधाओं तथा लोगों की अवस्थाओं के आधार पर पहले हमने सभी गावों का वर्गीकरण किया। जो आधार बनाया गया वह इस प्रकार है:

- आयु वर्ग के अनुसार जनसंख्या

- ढिबरा पर आश्रित परिवारों की संख्या

- रोजगार के लिए पलायित परिवारों की संख्या

- माइका क्षेत्र में शिक्षा, आजीविका, पेयजल, पोषण, आय एवं सामाजिक सुरक्षा योजनाओं आदि की स्थिति

- मजदूरों की आवाज का एकत्रीकरण

धीरि-धीरि ही सही, गांव के नज़ारे बदल रहे हैं...

हम गांव में रहते हैं। गांव मतलब जहाँ सुकून, शांति, सहज, सादगीपूर्ण वातावरण हो। हो भी क्यों न, यहाँ हरे भरे खेत, गांव के बगल में या थोड़ी ही दूर में हरे भरे जंगल, हल जोतते किसान, मवेशियों के गले में टुनकती घंटी, चौपाल पर बतियाते बुजुर्ग आदि दृश्य जो दिखते हैं। हमारे इलाके में ख़ासकर कोडरमा के माइका माइंस क्षेत्र के गांवों की बात करें तो वहां का दृश्य इससे थोड़ा भिन्न और विचित्र हैं। इधर के सभी गांव के चारों और जंगल और पहाड़ी हैं। खेत-खलियान न के बराबर। कच्ची मिटटी के घर और झोपड़ियाँ, उबड़-खाबड़ सड़कें और पगडण्डीयां और इधर-उधर खेलते नंग-धडंग कुछ बच्चे दिखते हैं। वही ज्यादातर बच्चे अपने माता-पिता के संग ढिबरा चुनने माइंस में जाते दिखेंगे। हालाँकि, कुछ सालों में यह दृश्य जरुर बदला है। कुछ सकरात्मक दिशा में तो कुछ आधुनिकता के नाम पर गलत दिशा में। जब से ढिबरा कारोबार बंद हुआ है तब से इस क्षेत्र के लोग ख़ासकर नौजवान महानगरों की ओर पलायन कर रहे हैं। वहां कुछ महीने रहने के बाद उनका दिल दिमाग चेंज हो जाता है। जब वे

कुछ दिन बाद लौटकर गांव आते हैं तब उन्हें यहाँ मन नहीं लगता है। वे आधुनिक हो चुके होते हैं। परिवार के अन्य सदस्य तो दूर, अपनी पत्नी भी पसंद नहीं आने लगती है, और फिर शुरू होता है पारिवारिक कलह, हिंसा। हालाँकि, इस पर काम करने की जरुरत है। इस हिसाब से देखें तो पाते हैं कि गांव बड़ी तेजी से नकारात्मक दिशा में बदल रहा है। आज गांव में परम्परागत गीतों का कोई विशेष स्थान नहीं है। इसके बदले फ़िल्मी आधुनिक गीत-गानों का बोलबाला है। कच्ची मिट्टी के घर कम, पक्के मकान ज्यादा दिखाई देने लगे हैं। बैलगाड़ी शायद ही मिले किसी गांव में। हाँ, ट्रेक्टर और टेम्पो हर गांव में आ गया है। चौपाल की परम्परा लगभग समाप्त हो गयी है। लोगों की मानसिकता में भी बड़ा बदलाव आ गया है। पहले किसानी करना गर्व की बात मानी जाती थी और अब मजदूरी या नौकरी। हालाँकि, हमारे क्षेत्र में खेत कम, खदान ज्यादा हैं। परिवारों में यानी भाई-भतीजा या गोतिया में आपसी टकराहट ज्यादा हैं। अब सुकून, सहकारिता की भावना, पर्व त्योहारों में एक दूसरे से मिलने, घर बुलाकर बड़े बुजुर्गों को खाना खिलाने, आतिथ्य सत्कार की परम्परा धीरे-धीरे समाप्त हो रही है। पर्व त्योहारों में डीजे बजने लगे हैं। आधुनिकता के नाम पर गांव की समृद्ध संस्कृति समाप्त होती जा रही है। यह बेहद चिंता का विषय है। आज के बच्चे, युवक या यूँ कहें कि हम सभी मोबाइल से चिपके रहना बेहतर समझते हैं। बड़े बुजुर्ग भी कहते हैं कि पहले के गांव आज से बेहतर थे। इस तरह हम कह सकते हैं कि हमने पाया कम और गंवाया ज्यादा है।

वहीं दूसरी तरफ, संस्थानिक प्रयास से अशिक्षा और निर्धनता पर प्रहार हुआ है। उपरोक्त संस्कृति के संरक्षण और सामाजिक कुरीतियां या अंधविश्वास के विरुद्ध जागरूकता लाने का भी प्रयास किया गया है। सरकार कानून तो बनाती है। परन्तु, इसका अनुपालन सही से नहीं होने से समस्या जस की तस रह जाती है। ऐसे कानूनों की जानकारी, क्षेत्रों में हमारी टीम ने बखूबी पहुँचाने का कार्य किया है। इस क्षेत्र में कई नदी-नाले हैं, जो लगातार नष्ट हो रहे हैं। इन्हें कैसे बचाया जाये इस पर लोगों की सहभागिता ली गयी है। यही कारण है कि आज इस क्षेत्र में कई बोरा बांध है, डाडी है, पोखरा है और सरकारी ढोभा भी। पीने के पानी और सिंचाई के साधनों का

स्मृति के गलियारों से...

घोर अभाव था, आज यह दूर हुआ है। गांवों में जो वैद्य या हकीम हैं उनके प्रति थोड़ी सकारात्मक भाव पैदा हुआ है। यह सब लगातार प्रयास से ही संभव हो सका है। हमारे साथियों और स्थानीय पंचायत जनप्रतिनिधियों के समर्पित भाव ने आज कई उदाहरण खड़े किये हैं। पानी की व्यवस्था, ढिबरा चुनने छोड़ स्कूलों में बच्चों का नामांकन एवं ठहराव बड़े बदलावों में से एक हैं।

टीम के द्वारा गांव-गांव में अपने विविध माध्यमों से लोगों को शिक्षा, स्वास्थ, पोषण, जल संचयन, पर्यावरण, पशुधन प्रबंधन हेतु जागरूक किया। जिसका कार्यक्षेत्र में व्यापक प्रभाव पड़ा। लोगों ने अपने कठीन संघर्ष एवं दिनरात की मेहनत से गाँव में न सिर्फ कुआं खोदा गया बल्कि नदियों को बांध कर पानी संचय कर लिया गया। जहाँ से लोग शुद्ध पानी पी रहे हैं और खेती भी कर रहे हैं।

आय के वैकल्पिक साधन : अच्छे परिणाम

वैसे, माइका माइंस क्षेत्र की स्थितियों से लगभग हम सभी वाकिफ हैं। ढिबरा के अलावे आय का कोई अन्य साधन नहीं हैं। इस पर भी सरकार की ओर से पाबन्दी लगा दी गयी। अब चुनौती और भी गहरी हो चुकी है। पर्याप्त ज़मीन भी नहीं कि लोग खेती कर गुजारा कर सके। जो थोडा बहुत ज़मीन है उसी में गार्डनिंग या सब्जी उत्पादन करने की आदत बनायीं गयी। जहाँ पहले खरीद कर खाते थे आज 3 से 9 माह तक तो कुछ लोग सालों भर की फसल आसानी से उगा लेते हैं। साथ ही पशुपालन को भी प्रमुखता दी गयी। चूँकि, इस क्षेत्र में घास-चारा की कमी नहीं है। संस्थानिक व सामुदायिक प्रयास से जैसे-जैसे सिंचाई की सुविधाएं बढ़ी, वैसे-वैसे कृषि के क्षेत्र में, पशुपालन के क्षेत्र में समुदाय आगे आया। नफा-नुकसान की चिंता किये बगैर लोग आज इस प्रक्रिया को गति दे रहे हैं और लोग खुश हैं। पशु अगर बीमार होते हैं तो स्थानीय स्तर पर ही जंगली जड़ी बूटी से पशुओं को ठीक करते हैं। संस्थानिक प्रयास से वेक्सिनेशन भी कराया गया। पहले इक्का-दुक्का लोगों के पास बकरी, मुर्गी या सूअर था। लोगों को प्रोत्साहित करने एवं आर्थिक मदद देने से आज इस क्षेत्र के दर्जनों परिवारों के पास उक्त संसाधन है जो सालाना करीब 20 से 40 हजार तक आमदनी को बढ़ा दिया है।

स्मृति के गलियारों से...

12 परिवारों ने छोटे-मोटे व्यवसाय करना भी आरम्भ किया है और अपने परिवार को ढिबरा व्यवसाय से बिल्कुल अलग कर लिया है। इसके अलावा वैसे लोगों को प्रोत्साहित किया जिनके पास थोड़ी बहुत ज़मीन है। उनके यहाँ सब्जी की खेती होने लगी। इससे न सिर्फ आय बढ़ी बल्कि, बचत भी हुई और हरी और ताजी सब्जी के सेवन से उनकी सेहत बेहतर हुई है। कुछ परिवार आत्मा और नाबार्ड से भी जुड़कर लाभ ले रहे है। एक परिवार ने आत्मा के सहयोग से मधुमक्खी पालन भी शुरू किया है। इस तरह, पीएचएफ की मदद से समर्पण के द्वारा इस क्षेत्र में आजीविका संवर्धन हेतु कई कार्य किये गए। मुख्यरूप से बकरी पालन, मुर्गी पालन, सूअर पालन, सब्जी उत्पादन, छोटी-छोटी दुकानों की स्थापना आदि शामिल है। इससे लोग आर्थिक रूप से मजबूत हुए।

आय वृद्धि में सहायक बकरी पालन :
एक बकरी के बदले दो बकरी वापस

बकरी को गरीबों का गाय भी कहा जाता है तो कोई इसे गरीबों का एटीएम भी कहते हैं। क्योंकि गरीब परिवार बकरियों को बेचकर तत्काल आय कर सकते हैं इसी को ध्यान में रखते हुए समर्पण के द्वारा इस क्षेत्र में बकरी पालन पर विशेष ज़ोर दिया गया। ख़ासकर कोविड के दौरान में तो बहुत ज्यादा काम आया। इसका लाभ पाने वाले भी दानी बने हैं। संस्था के द्वारा पूर्व में ही यह बता दिया गया था कि जो बकरी आपको आज मिल रही है, एक साल बाद या जब बकरी बच्चा देगी तब आप एक बच्चे के बदले दो बच्चे वापस करेंगे। एक बच्चा कर्ज मुक्ति के लिए और एक पड़ोसी को सहयोग करने के लिए। इस प्रक्रिया से आज गांव के अधिकांश लोगों के पास बकरी है। कुछ लोगों के पास सुअर भी है।

स्मृति के गलियारों से...

कल्याणकारी योजनाओं तक पहुँच बनाने की जद्दोजहद

सरकार की ओर से सैकड़ों कार्यक्रम, योजनायें और प्रगतिशील नीतियाँ हैं। परन्तु, जानकारी के आभाव में लोग इसका लाभ नहीं उठा पाते हैं। जिला कोडरमा के सुदूरवर्ती गांवों में ख़ासकर माइका-माइंस क्षेत्र के अभिवंचित समुदायों में इस मामले में पूरी तरह अनभिज्ञ थे। संस्था समर्पण अपनी कई गतिविधियों के माध्यम से क्षेत्र में व्यापक जागरूकता लाने में सफल रहा है। हालाँकि, इसकी अभी और जरुरत है।

गांव में ऐसे लोग भी हैं, जो यदि एक दिन ब्लॉक या जिला कार्यालय, अपने अधिकार पाने के लिए आवेदन देने जायेंगे तो वे शाम को क्या खायेंगे इस बारे में सोचना पड़ेगा। वे कमाना छोड़ेंगे नहीं तो सामाजिक अधिकार पाएंगे भला कहाँ से ? वहीं जिला या ब्लाक ऑफिस आने के लिए भाड़ा भी तो चाहिए, वो कहाँ से आएगा। इस बात की चिंता उन्हें सताती है। ऐसे परिवारों को चिन्हित कर संस्था के द्वारा हैण्ड होल्डिंग सपोर्ट दिया गया। उनका आने जाने का भाड़ा, यातायात की व्यवस्था, एवं सरकारी दस्तावेज़ के न्यूनतम मानकों को पूरा करने में सहयोग

किया गया। आज परिणाम यह है कि दर्जनों परिवार के पास प्रधानमंत्री आवास योजना, पेंशन योजना आदि का लाभ हैं।

इतना ही नहीं, जिनके पास पूंजी नहीं थी उन्हें पूंजी भी दी गयी और प्रशिक्षण भी। जो जिस दिशा में आगे बढ़ने को आतुर या इच्छुक थे उन्हें उसी दिशा में सहयोग किया गया। आज भी ग्रामीण पूरे मन एवं हृदय से दुआ और आशीर्वाद देते हैं। उनका भावपूर्ण आशीर्वाद एवं बातों से मन गदगद हो जाता है।

गांव में समस्याएँ अनेक हैं। उन्हें पता नहीं कि इसके जिम्मेदार विभाग हैं और निराकरण के लिए वहां कुर्सियों पर अधिकारी बैठे हैं। ग्रामीणों को बार-बार यह बात कही गयी कि जिस तरह अपनी मन्नतों को पूरा करने के लिए भगवान के मंदिर में जाकर कहते हैं, उसी तरह ऐसे जिम्मेदार विभाग को लिखित आवेदन देना पड़ता है। बहुत प्रयास के बाद जब आवेदन विभागों में जाना प्रारंभ हुआ तो स्वाभाविक तौर पर छोटे-बड़े अधिकारियों का ध्यान उन इलाकों में गया। सरकारी बाबू का भी आना-जाना प्रारंभ हुआ और लोगों ने आसानी से अपनी मांगों को उनके पास रखा। लिहाज़ा, आज कई योजनायें इस क्षेत्र में संचालित है और उसका सीधा लाभ ग्रामीणों को मिल रहा है। ग्रामीण महिलाएं निडर हो रही है, अपनी बातों को अधिकारियों के समक्ष बेबाक तरीके से रख पा रही है।

ढिबरा चुननेवालों के साथ आजीविका का संकट बरकरार, वेश्यावृत्ति, पलायन, मानव तस्करी जैसे धंधों के गिरफ्त में आ रहे हैं लोग

भारत में 20 मार्च 2020 को केंद्र सरकार द्वारा सम्पूर्ण लॉकडाउन की घोषणा हुई। और अचानक आर्थिक, सामाजिक तथा राजनैतिक गतिविधियों पर विराम लग गया था। COVID -19 वैश्विक महामारी के दौरान हम सभी बुरी तरह से प्रभावित हुए। जीवन के हर पहलू को बाधित किया। माइका माइन्स क्षेत्र में निवास करने वाले बच्चे, बूढ़े, जवान एवं महिलाये कुछ ज्यादा ही प्रभावित हुए। चूँकि, इस इलाके में ज्यादातर लोग रोज कमाने-खाने वाले हैं। सभी ढिबरा पर ही आश्रित है। महामारी के दौरान लॉकडाउन होने से ढिबरा का कारोबार बंद हो गया।

स्मृति के गलियारों से...

लोग भूखे मरने लगे। बच्चों की पढाई बंद हो गयी। ऐसे समय में पीएचएफ के सहयोग से समर्पण के द्वारा इस क्षेत्र में बड़े स्तर पर बच्चों का न सिर्फ शैक्षणिक स्तर बरक़रार रखा बल्कि, चिन्हित 300 परिवारों को नियमित रूप से राशन उपलब्ध कराया गया। बाहर से आकर जंगल में बसे परिवारों की स्थिति और भी भयावह थी। यदि संस्था की ओर से इस गंभीर परिस्थिति में इनके साथ नहीं होते, इन्हें राशन उपलब्ध न कराते तो कोरोना के बजाय ये भुखमरी के शिकार हो जाते। आज भी ऐसे सैकड़ों लोग हैं जिनके पास दो वक्त का भोजन नहीं जुट पा रहा है। क्योंकि, फ़िलहाल यहाँ ढिबरा कारोबार बंद है। लोग ढिबरा निकाल कर बेचना भी चाहते हैं तो खरीददार नहीं है। कुछ ठेकेदार हिम्मत कर किसी तरह ढिबरा खरीद रहे हैं तो जिला प्रशासन के द्वारा उनकी गाड़ी सीज़ कर ली जा रही है। साथ ही स्थानीय स्तर की फैक्ट्रियों को भी सील कर दिया गया है। ऐसे में माइका पर आश्रित परिवारों का जीना मुहाल हो गया है। यही कारण है कि इस क्षेत्र में कुपोषित बच्चे, किशोरियां एवं एनीमिक माताएं ज्यादा है। पैसे की कमी से जूझ रहे लोग कर्ज तले दबते जा रहे हैं। इस वजह से जहाँ पारिवारिक संबंध छिन्न-भिन्न हुआ है वहीं, घरेलू हिंसा, जुआ, शराब, चोरी-डकैती, छिनतई आदि मामलों में भी वृद्धि हुई है, और इस सब की मार घर के बुजुर्गों, दिव्यांगों, विधवाओं, बच्चों, प्रवासी मजदूरों, भूमिहीन परिवारों एवं किशोर-किशोरियों पर पढ़ रहा है। परिवारों में ऐसे लोग अब बोझ लगने लगे है एवं उन्हें तिरस्कार झेलना पड़ रहा है। लोग हतोत्साहित हो रहे हैं और वे महाजनी के चंगुल में फंस रहे हैं। साथ ही, वेश्यावृत्ति, पलायन, मानव तस्करी जैसे धंधों के गिरफ्त में आ रहे हैं। उत्तरी छोटानागपुर प्रमंडल से लड़कियों की तस्करी इक्का-दुक्का होती थी। इस लॉकडाउन में बड़ी संख्या में टीन ऐज लड़कियां दलालों के माध्यम से बाहर जा रही है। अभी हाल ही में कोडरमा स्टेशन पर एक साथ 21 किशोरियों को एक साथ राजस्थान ले जाने का मामला प्रकाश में आया था।

वहीं, दिवाली के एक दिन पूर्व ढाब के धज्वा गांव के 4 लोगों का देहांत हो गया बस इस वजह से कि वे जंगल में ढिबरा कोड़ने गए थे और खदान से "रोटी" निकलने के क्रम में ऊपर का चाल धंस गया और वे सभी दब कर मर गए। अवैध खदान होने के कारण न पारिवारिक लाभ योजना या अन्य सरकारी सहायता मिल सका, उल्टा मुक़दमा न हो जाये इस डर से सुबह होने से पहले शव का अंतिम संस्कार कर दिया गया। सुबह पुलिस टीम एवं जिला प्रशासन पहुंची तो कोई कुछ भी बताने से मुकर गया और पीड़ित परिवार घर छोड़ कर भाग गया। उनकी पीड़ा एवं वेदना बड़ी त्रासद भरी है। तमाम दृश्य देखकर दिल दहलता है, डराता है, खौफ पैदा करता है, दर्द देता है। ऐसे दंश से सम्पूर्ण मानवता आहात एवं शर्मसार होती है।

समावेशी एवं उचित रिकवरी के लिए हमारी चिंताएं:

कुल मिलाकर, शिक्षा, रोजगार, मानसिक स्वास्थ्य एवं आजीविका के मामले में इस क्षेत्र में व्यापक जोखिम भरा दृश्य दिखाई दे रहा है। गंभीर रूप से देखने व सोचने पर लगता है कि इस संकट की वजह से आने वाली पीढ़ी को भी दीर्घकालिक, आर्थिक और सामाजिक परिणामों का सामना करना पड़ सकता है। दिन हो या रात हर समय यही सोचता हूँ कि मेरे अपने क्षेत्र के लोगों के भविष्य का क्या होगा ? हम और हमारी टीम हमेशा आर्थिक क्रियाकलाप के साथ-साथ पर्यावरण संरक्षण, क्लाइमेट चेंज और ढिबरा मजदूरों के कमज़ोर मानसिक और शारीरिक स्वास्थ्य को बेहतर करने में लगे रहते हैं, क्षेत्र के विभिन्न आयुवर्गों की जरूरतों एवं चिंताओं ने हमें हमेशा कुछ नया करने एवं विविधता को प्रदर्शित करने को विवश किया है। इसीलिए, इस क्षेत्र की अर्थव्यवस्था को फिर से बहाल करने, समावेशी एवं उचित रिकवरी के लिए हमारी चिंता बनी हुई है और कुछ बेहतर करने को लेकर प्रयासरत है।

स्मृति के गलियारों से...

कोरोना काल ने सिखाया जीवन जीने का तरीका, ईमानदारी और प्रकृति के साथ जीना होगा जीवन

हमारा मानना है कि एक बेहतर पर्यावरण ही बेहतर अर्थशास्त्र पैदा कर सकता है। अल्पकालिक व आपातकालीन परिस्थितियों से लोगों को उबारने के साथ-साथ दीर्घकालीन आर्थिक, सामाजिक और पर्यावणीय उद्देश्यों की प्रतिपूर्ति के साथ हमें एक ऐसी अर्थव्यवस्था कायम करनी होगी जो हमें जिंदा रहने के लिए प्रेरित करे। इसी सोच के तहत हमारी टीम स्थानीय संसाधनों एवं अवसरों को ध्यान में रखते हुए बेहतर जीवन की परिकल्पना करती है।

हमारा प्रयास :

- जंगल क्षेत्र में रह रहे लोगों के पास जो थोड़ी-बहुत ज़मीन है उस पर लोग खेती करना चाह रहे हैं परन्तु, उनके पास छोटे-छोटे यंत्र एवं साधन जैसे हल, कुदाल, गेती, बीज आदि नहीं हैं, इसकी प्रतिपूर्ति होने से वे किसी तरह पेट भरने के दिशा में स्थायी उपाय निकाल लेंगे। इसी सोच के साथ 200 परिवारों को छोटे-छोटे कृषि यंत्र एवं बीज आदि उपलब्ध कराए गया।

- प्रकृति की सुरक्षा ही खुद की सुरक्षा है और प्रकृति आधारित जीविकोपार्जन ही टिकाऊ विकास का सबसे सरल मार्ग है इसीलिए प्राकृतिक संसाधनों पर आधारित वैकल्पिक रोजगार तलाश कर उन्हें इसके लिए आर्थिक मदद प्रदान की गयी। जैसे जडी बूटी व वनोपज (हर्रे, बहेरा, अर्जुन का छाल, रक्तरोहन, गिलोय, जामुन का बीज, निम का बीज, पियार, करंज, बैर, सखुआ का फल, कोडी, कोराय फुल, महुआ, पत्ता, बीडी पत्ता, बांस, चिरौता आदि पर आधारित व्यवसाय को प्रोत्साहन एवं बाजार से जुडाव स्थापित किया।

- महिलाओं को स्वावलंबी बनाने के उद्देश्य से मसाला पैकिंग का व्यवसाय एवं पेटीकोट व्यवसाय हेतु प्रशिक्षण एवं आर्थिक सहायता प्रदान की गयी। साथ ही, क्षेत्र में बकरी पालन की संभावना को देखते हुए 50 परिवारों को 3-3 बकरी का सहयोग किया गया।

- माइका-माइंस एवं जंगली क्षेत्र होने के कारण यहाँ पहले से भी कोई खास स्वास्थ्य या मेडिकल की सुविधाएँ नहीं मिल रही थी। लॉकडाउन में परिस्थितियां और ज्यादा गंभीर हो गयी थी। महिलाओं और बच्चों को उम्र के हिसाब से जो टीका एवं पोषण आहार मिलना चाहिए वह नहीं मिल रहा था। वहीं, इस इलाके में 50 साल से अधिक कई ऐसे लोग हैं जो गंभीर रोग से भी पीड़ित थे, जिनका इलाज महज़ कुछ पैसों की वजह से नहीं हो पा रहा था। उन्हें हॉस्पिटल तक लाने के लिए ट्रांसपोटिंग किराया, दवाई के खर्चे आदि न होने के कारण उनका समुचित इलाज नहीं हो पा रहा था। ऐसे चिन्हित 50 रोगियों के समुचित इलाज हेतु हैण्डहोल्डिंग सपोर्ट किया गया। क्षेत्र में स्वास्थ्य कैंप किया गया।

- 500 से ज्यादा बच्चों को डीजी साथ एवं ट्यूशन के जरिये शिक्षा के मुख्यधारा से जोड़ने का प्रयास किया गया।

स्मृति के गलियारों से…

- बाहर जो गए थे वे जैसे-तैसे जान जोखिम में डाल कर या बहुत ज्यादा पैसे खर्च कर वापस अपने घरों को लौटे। यहाँ लोग पैसे –पैसे को मोहताज हो गए। लोगों के समक्ष दो वक्त का भोजन जुटाना मुश्किल हो गया। हांलांकि, सरकार ने अपनी ओर से सभी को मुफ्त राशन पहुंचाने की पूरी व्यवस्था की लेकिन यह सभी तक नहीं पहुँच पाया। सुदूर जंगल में रहने वाले लोगों तक सरकारी सुविधाएं पहुँचाने में कठिनाई हो रही थी। समर्पण ने इस अवसर पर पूरी क्षमता के साथ लोगों को राहत पहुंचाने का कार्य किया। प्रत्येक कार्यकर्ता ने इसे एक चुनौती के रूप में लिया और घर-घर जाकर परिस्थितियों का जायज़ा लिया। अति जरुरतमंदों की पहचान कर उनकी सहायता की। सरकार की सुविधाओं से जोड़ने का कार्य किया।

- समर्पण ने अपनी पूरी ताकत से इन गाँवों को यथावत रखने की कोशिश की। पर्याप्त राशन वितरण करने, MNREGA से जोड़ने सहित अन्य उपायों के साथ-साथ कुछ जरुरतमंदों को तुरंत रोजगार से जोड़ने के लिए आर्थिक मदद दी गयी। छोटे–छोटे समूह बनाकर उन्हें मसाला पैकिंग, सिलाई का प्रशिक्षण देकर तत्काल रोजगार उपलब्ध कराया। कुछ लोगों ने वनोपज संग्रह करने का बीड़ा उठाया तो संस्था ने उन्हें उसी काम के लिए सहयोग किया। समय-समय पर बीज उपलब्ध करा कर कृषि एवं पोषण बगिया के लिए प्रोत्साहित किया गया।

स्मृति के गलियारों से…

उत्तम खेती मध्यम बान- मनोदशा बदली तो सब कुछ बदला

देहात में बड़े-बुजुर्ग एक कहावत कहते हैं कि **"उत्तम खेती मध्यम बान। निषिद चाकरी भीख निदान"। यह कहावत अपने आप में एक दर्शन है।** हमारे झारखण्ड में समतल ज़मीन बहुत कम हैं। जिस कारण यहाँ कृषि कार्य बहुत कम होता हैं। जो भी होता है वह सब वर्षा पर आधारित है। पठारी क्षेत्र होने के कारण यहाँ पानी का ठहराव भी नहीं हो पाता हैं। हमारे यहाँ खनिज संपदाओं की कमी नहीं है बावजूद लोग गरीब हैं। लोग खेती को घाटे का सौदा समझते हैं। इस अवधारणा को तोड़ने का भरसक प्रयास किया जा रहा है। जल, जंगल, ज़मीन, जानवर और जज़्बात को बचाने की इस मुहीम को और तेज करने की जरुरत है। वैसे लोगों की मनोदशा बदलने का काम जारी है। शुरूआती दौर में हमलोगों ने लोगों को बैल, बीज, सिंचाई मशीन आदि देकर उत्साहित-प्रोत्साहित किया। आज वे खुद से कर रहे हैं। इससे गांव में जो हरियाली एवं खुशियाली आई है उसके लिए दर्जनों किसान एवं ग्रामीण संस्था को शुक्रिया अदा कर रहे हैं।

स्मृति के गलियारों से...

जैविक खाद पर भरोसा: सस्ता विकल्प

फसल के उत्पादन में फॉस्फेट तत्व का प्रमुख योगदान होता है और यह हमें रासायनिक उर्वरकों में ज्यादा मिलता है। हालाँकि, इसके उपयोग से खेती की लागत काफी बढ़ जाती है परन्तु, ज़मीन भी बंजर हो जाती है, भूमि में पानी सोखने की क्षमता घट जाती है। वहीं दूसरी तरफ स्वास्थ्य पर भी प्रतिकूल असर पड़ता है। इसी बात को ध्यान में रखते हुए संस्था के द्वारा लोगों को जैविक खाद बनाने की जानकारी दी गयी है और आज कई घरों में इसे तैयार भी किया जा रहा है।

जैविक खाद के फायदे :

- जैविक खाद से अनाज, दालें, सब्जी व फलों की गुणवत्ता बढ़ाने से अच्छा स्वाद मिलता है।

- रोगों में रोधकता आने से मानव के स्वास्थ्य पर बुरे प्रभाव नहीं पड़ते हैं।

- जैविक खाद बनाने की विधि बहुत ही सरल है।

- प्रत्येक किसान, जिसके यहां गोबर उपलब्ध है, आसानी से अपने घर पर जैविक खाद बनाकर तैयार कर सकता है।

- किसान डीएपी व एसएसपी खरीदने पर जितना पैसा खर्च करता है उससे कम पैसों में प्रोम तकनीक से जैविक खाद बनाकर भरपूर फसल पैदा कर सकता है।

- प्रोम मिट्टी को नरम बनाने के साथ-साथ पोषक तत्वों की उपलब्धता लंबे समय तक बनाये रखता है।

- प्रोम लवणीय व क्षारिय भूमि में भी प्रभावी रूप में काम करता है जबकि डी. ए. पी. ऐसी भूमि मे काम नहीं करता है।

मिश्रित खेती : अनोखी पहल

ढिबरा पर आश्रित परिवारों के लिए खेती से जुड़ना अपने आप में एक जटिल काम था। चूंकि, जंगल जाकर कुछ ही घंटों में 200 से 500 रूपये की आमदनी करने वालों के लिए खेती जो

 स्मृति के गलियारों से...

आज के समय में सबसे बड़ा रिस्क वाला क्षेत्र है, में लाना और इस परम्परा से जोड़ना मुश्किल तो था। परन्तु, हमारी टीम ने भी हिम्मत नहीं हारी। हमारे लगातार प्रयास एवं ट्रेनिंग आदि के माध्यम से फसलों के उत्पादन के साथ-साथ पशुपालन की परम्परा भी विकसित हुई। साथ ही, एक बार में एक से अधिक फसल एक जगह पर उगाने की विधि से भी लोगों को वाकिफ कराया जिसका फायदा ग्रामीण आज भी उठा पा रहे हैं। पानी के बचाव के लिए टपकन विधि को भी लोग आत्मसात कर रहे हैं।

फिर से प्रारंभ हुआ मडुआ की खेती:

एक समय था जब कोडरमा के सभी इलाकों में मडुआ होता था। धान के बाद यह दूसरी खरीफ फसल थी। धीरे-धीरे इस फसल के प्रति लोगों का मोह भंग होता गया। हालाँकि, इस फसल का उपयोग नहीं करने से आज की पीढ़ी को बीमारियों का सामना करना पड़ रहा है। ऐसा बड़े-बुजुर्ग कहते हैं। इस फसल में काफी ताकत और रोगों से लड़ने की क्षमता है। इस क्षेत्र में भी लोगों ने इसकी खेती करना बंद कर दिया। संस्था के प्रयास से एक बार फिर से लोगों को प्रेरित किया गया और उन्हें नए ढंग से खेती कर ज्यादा उपज बढ़ाने के तरीके बताये गए। अब जब नए ढंग से इसकी खेती होने लगी तो इसकी उपज 15-18 क्विटंल प्रति हेक्टेयर तक होने लगी।

पहले, यहाँ के किसान मडुआ की बोबाई छींटकर करते थे। बाद में गाछी पारकर करने लगे। अब श्रीविधि से इसकी खेती हो रही है। साथ ही, किसान, जैविक खाद जैसे गोबर या कम्पोस्ट का भी प्रयोग कर रहे हैं।

माना जाता है कि मडुआ की खेती के लिए टांड ज़मीन सबसे ज्यादा उपयुक्त है और इस इलाके में ऐसी ही ज़मीन ज्यादा है। लोगों के पास रोपने-बोने और कटनी जैसे सभी विधि का ज्ञान है परन्तु, थोड़ा उकसाने की आवश्यकता पड़ी और सफलता मिल गयी। वहीं दूसरी और, मडुआ की न सिर्फ खेती बल्कि, इसके मूल्य संवर्धन के लिए मडुआ का आटा, लड्डू एवं अन्य विभिन्न तरह के उत्पाद बनाकर या प्रोसेस कर मार्किट में उपलब्ध कराने हेतु नाबार्ड से संपर्क

साधा गया। नाबार्ड के द्वारा इसके लिए एक अलग से परियोजना स्वीकृत की गयी। यह दूसरी बड़ी उपलब्धि है।

कुपोषण के खिलाफ लडाई:

वैसे पूरे झारखण्ड में खनिज संपदाओं का अम्बार है। परन्तु, यहाँ के लोग उतने ही गरीब है। वैसे कहावत है कि कोख में अमीरी और गोद में गरीबी है। कोडरमा की भी तस्वीर कुछ ऐसी ही है। यहाँ माइका है, ब्लू स्टोन है, पत्थर खदान है, बिजली उत्पादन का केंद्र है परन्तु, यहाँ के लोग उतने ही बदहाल और फटेहाल जीवन जीने को मजबूर हैं।

यहाँ ज्यादातर लोग ढिबरा चुनने का कार्य या फिर दिहाड़ी मजदूरी करते हैं। परिवार के साथ-साथ बच्चे भी शामिल होते हैं। बहुत छोटे बच्चें, उनके बड़े भाई-बहन के संरक्षण में पलते हैं। लिहाज़ा, उनकी पढाई छुट जाती है। ऐसे छोटे बच्चे की समुचित देख-भाल भी नहीं हो पाती हैं। लिहाज़ा, ज्यादातर बच्चे कुपोषित होते हैं। संस्थान के द्वारा कराये गए सर्वेक्षण के अनुसार सिर्फ माइका माइंस क्षेत्र में 45% बच्चे कुपोषित पाए गए। वहीं ज्यादातर किशोरियां एवं माताएं एनीमिया के शिकार मिले। कहा जाता है कि एक कुपोषित एवं एनीमिक माँ कभी स्वस्थ्य बच्चे को जन्म नही दे सकती हैं। यही कारण है कि इस क्षेत्र में यह कुपोषण चक्र चलता ही आ रहा है। अब लोग अपने पोषण बगिया का इस्तेमाल कर रहे हैं और इस चक्र को तोड़ने का कार्य कर रहे हैं।

स्मृति के गलियारों से...

पोषण भोज कार्यक्रम से टूटे कई मिथ्य

स्थानीय खाद्य सामग्री संग्रह कर के सभी गांवों में पोषण भोज कार्यक्रम किया गया। जहाँ कई तरह के मिथ्य देखे गए। जिसे विभिन्न जानकारों के द्वारा उसे दूर किया गया। जैसे

- स्थानीय स्तर पर मौजूद खाद्य सामग्री से भी कुपोषण की दर को कम किया जा सकता है। जिसके लिए अतिरिक्त खर्च की आवश्कता नहीं हैं।

- गर्भवती एवं धात्री महिलाओं को सिम, सिटी, फुल, मूंगा साग, बैगन, पपीता, कद्दू, आलू, चना, बरैय, उड़द, अरहर, मड़ुआ, कोंदो आदि नहीं खाना चाहिए। जबकि इन्हीं खाद्य पदार्थों में ज्यादा पोषक तत्व पाए जाते हैं।

प्रभाव/ परिणाम

- लोग खेती एवं पोषण बगिया के प्रति उन्मुख हुए है।

- पोषण युक्त भोजन क्या है, लोगों को समझ में आया है।

- स्वस्थ रहने का मंत्र क्या हैं ये लोंगों ने जाना है।

- कुपोषण चक्र को संतुलित आहार से कैसे बदलेंगे के बारे में जाना है।

- बच्चों, गर्भवती महिलाओं एवं धात्री माताओं को भोजन में क्या देना है इस बारे में समझ बढ़ी है।

- सरकार द्वारा संचालित योजनाओं एवं संबंधित विभाग के बारे में जानकारी हासिल हुई है।

सीखने–सीखाने के दिन

मैं पहले प्रदान में थी। वहां विभिन्न विषयों पर प्रशिक्षण प्राप्त किया। बेशक, क्षमता और चेतना में बढ़ोतरी हुई। 12 सालों तक लगातार विभिन्न महिला समूहों के साथ काम किया परन्तु, 3 साल पहले जब पहली बार समर्पण में आई, संस्था प्रमुख से मिली, सभी साथियों से मिली तब मुझे ऐसा लगा मानो अपना ऑफिस हो। तब की फीलिंग में शब्दों में बयाँ नहीं कर सकती। तब से लेकर आज तक इसी एहसास के साथ काम कर रही हूँ। लिहाजा, संवेदना, वेदना और सहनशीलता जैसे कई भावों में बढ़ोतरी हुई। समर्पण नाम के अनुरूप अपने को ढाल पाई हूँ, अपने स्तर से सौ प्रतिशत देने की कोशिश करती रही हूँ, कोई चुक न हो, इसका हमेशा ख्याल रखती हूँ, मेरे कामों पर कोई उंगली न उठे, कुछ अधूरा न छूटे, इन सभी बातों को हमेशा मन ही मन में टटोलती रहती हूँ। हमेशा दूसरे से मिलने, दूसरों को खुश रखने, सही सलाह देने, बहकावे में न आने, राजनीति का शिकार न होने जैसे छोटे-छोटे मूल्यों के साथ खुद को एवं अपने साथियों को बनाये रखने का भरसक प्रयास करती हूँ। चर्चा, विमर्श की प्रक्रिया से समस्याओं का हल निकालने का प्रयास करती हूँ। कहा जाता है कि दुनिया एक बाज़ार है। यहाँ बोली भी बिकती है। बेहतरीन इन्सान अपनी मीठी जुबां से ही जाना जाता है वरना अच्छी बातें तो दीवारों पर भी लिखी मिल जाती हैं और आजकल लोग अपने स्टेटस में भी लगाते हैं। जुबां का वजन बहुत कम होता है, पर सच यह है कि इसे कम लोग ही संभाल पाते हैं। इसलिए जुबां से हम

स्मृति के गलियारों से...

किसी पर हमला न करें तो बेहतर है। अपनी वाणी को कठोर बनाने की जरुरत नहीं है। प्रेम से बढ़कर कुछ भी नहीं है। प्रेम से हर किसी का दिल जीता जा सकता है। समर्पण भी इन्हीं सारी प्रक्रियाओं एवं मूल्यों में विश्वास करती है।

मैं बस इतना समझती हूँ कि भाव से काम करने से आभाव की स्थिति कभी नहीं आती है। जब से हम डोमचांच प्रखंड के बंगाखालर, ढाब एवं ढोढाकोला पंचायत के लोगों के साथ सघन रूप से कार्य कर रहे हैं, ऐसा लगता है जैसे मैं एक बड़ा परिवार का हिस्सा हो गयी हूँ।

कोविड के दौरान तो लगा कि संस्था और खुद के पास और कुछ होता तो शायद कुछ लोगों का और भला कर पाते। लोगों की बेहाल स्थिति देख हमेशा जी कचोटता रहता है। मैंने आज तक जो भी अनुभवों से जाना है और इन दो संस्थाओं से सीखा है, उसे न सिर्फ आत्मसात किया है बल्कि, लोगों को भी सीखाने का कार्य करती रही हूँ।

हमें टीम का पूरा-पूरा सहयोग मिला। सभी सन्दर्भ गांवों व टोलों में गुप बनाये। फिर उनके साथ विभिन्न विषयों पर ख़ासकर पानी प्रबंधन एवं आर्थिक स्रोत को लेकर न सिर्फ चर्चा-परिचर्चा किया बल्कि प्रशिक्षण आदि में लोगों को बुलाकर विभिन्न विषयों पर दक्ष किए। नतीजतन, आज बच्चों की उपस्थिति स्कूलों में बढ़ रही है। योजनाओं तक महिलाओं की पहुँच बढ़ रही है। कई योजनाएं गांव तक लाने में महिलाओं को श्रेय जाता है।

संस्था प्रमुख के विचारों, अवधारणाओं और चिंताओं को लेकर हम सभी अभिप्रेरित हैं जो अन्दर है वही बाहर भी झलकता है। वे हर किसी की मदद करते हैं। समान भाव से सभी को मानते हैं, यह भी सीखने की चीज़ है। हम सभी कई बार अपने ही साथियों के बर्ताव से ऊब जाते हैं, रिजिड हो जाते हैं। शिकायत लेकर जब हममे से कोई अपने संस्था प्रमुख तक पहुचंता हैं

तो वे कहते हैं 'यहां हर कोई अपनी क्षमता के अनुसार ही बर्ताव करता है। जिनके पास जितनी शारीरिक, मानसिक, बौद्धिक और भावनात्मक क्षमता है, वह उसी के अनुसार बर्ताव करने के लिए विवश है।' आप अपना मन मत ख़राब करिए। वे बस क्षमा के पात्र हैं। उन्हें क्षमा करिए।' उनकी ऐसी सोच कई बार विचलित भी करती है तो कई बार बड़ी सीख दे जाती है। उनके सच्चे प्रेम, सेवा, करुणा एवं श्रद्धा के हम सभी कायल हैं। वैसे कहा गया है कि अधिक मानवीय बनना हो तो प्रेम को जीवन के केंद्र में रखना होता है। यह प्रेम हमें व्यक्ति के पार जाकर पर्यावरण से, पशु-पक्षियों से, पूरी कायनात से हो तो और भी अच्छा। समाज का जो वातावरण है, बड़ा विचित्र होता जा रहा है। बड़े पैमाने पर जंगल काटे जा रहे हैं। क्रेशरों के डस्ट का प्रबंधन कैसे हो, इसकी फ़िक्र किसी को नहीं है। स्कूलों में शिक्षक नहीं हैं, परिवारों के भीतर डाह-जलन है। प्रेम व्यक्ति से हो, विचारों से हो, भावनाओं से हो, किसानों से हो, नदी नालों से हो पर ये सब आज की तारीख में कहीं नहीं दिखता है। सभी कठोर बने हुए हैं। यदि हम प्रेम करने लगेंगे तो निश्चित रूप से जीवन जीना सीख जायेंगे। किसी ने ठीक ही कहा है कि प्रेम भले ही गणित और विज्ञान न सिखाता हो लेकिन जीवन जीने के पाठ बख़ूबी पढ़ा देता है। आनंद का गुणा कैसे करें और दुःख का भाग कैसे करें, यह प्रेम ही हमें सिखाता है। हृदय को विशाल बनाना हो, मनुष्य को अधिक मानवीय बनाना हो तो प्रेम को जीवन के केंद्र में रखना ही होगा। प्रेम सिर्फ़ निजी मामला नहीं है, प्रेम पूरे समाज को प्रभावित करता है। आज व्यक्ति के जीवन में प्रेम की जो कमी है उसका ही विराट रूप इस जगत के इतने सारे उपद्रव, हिंसा, कलह, आतंक और संघर्ष के रूप में दिखाई देता है। पर्यावरण नष्ट होता हुआ दिख रहा है। गांव में एक भी पर्यावरण प्रेमी नहीं मिल रहे हैं। बड़ी मुश्किल से पानी मित्र तो हमलोगों ने बनाया परन्तु एक दो को छोड़कर किसी ने अपने कर्तव्यों का पालन नहीं किया परन्तु, पानी सबसे ज्यादा उन्हीं को चाहिए। पर्यावरण के प्रति संवेदनशील होकर हजारों की संख्या में विभिन्न प्रकार के पौधे रोपित कर उन्हें ज़मीन पर पनपाने का कार्य हम सभी कर सकते हैं, पर यह उम्मीद हम बस दूसरों से करते हैं।

श्वेतांक जी जब-जब कोडरमा आए धरती पर पेड़ पौधों और पानी की महत्ता बता गए। तब से हम सभी संस्था कर्मियों में पर्यावरण संरक्षण के प्रति लगाव हो गया। प्रकृति के प्रति अगाध स्नेह का भाव हैं। आज इसके संरक्षण के लिए कैंपेन भी चला रहे हैं। चूँकि संस्था की उत्पति जल, जंगल, ज़मीन की सुरक्षा संबंधी आन्दोलनों से ही हुई है।

स्मृति के गलियारों से...

हर गांव में लैंगिक विषमता : परिवर्तन के साथ-साथ नया विश्वास भी

बात 2014-15 की है। तब स्कूलों में बच्चों की उपस्थिति न के बराबर थी। जो भी थे ज्यादातर लड़के थे। पूछने पर पता चला कि गांव में मिडिल स्कूल है। इस कारण पांचवीं के बाद ज्यादातर लड़कियों की शादी हो जाती है। कुछ गांवों में मिडिल स्कूल हैं वहां आठवीं तक बच्चियां पढ़ पाती हैं उसके बाद शादी हो जाती है। ज्यादातर स्कूलों में शिक्षक की उपस्तिथि होती ही नहीं है। चूँकि दूर से दूसरे गांव से शिक्षक आते हैं। रजिस्टर पर नामांकन लगभग बच्चों का था। परन्तु, कक्ष में संख्या नहीं होती थी।

बेटा-बेटी में भेदभाव तो था ही, बेटियों के प्रति मानसिकता सही नहीं थी। बेटियों को बोझ समझना, पराया धन समझना, सभी के जेहन में था। हालाँकि, अभी भी कुछ लोगों में यही मानसिकता है, जिस पर व्यापक तरीके से काम करने की आवश्यकता है।

वैसे यह समस्या कोडरमा सहित राज्य के कई जिलों की है। परन्तु, माइका-माइंस क्षेत्र में यह समस्या अन्य जिलों, राज्यों या देशों की अपेक्षा कुछ ज्यादा थी। अभी भी जिन क्षेत्रों में संस्थाएं काम नहीं करती हैं वहां आज स्थिति और भी विकट है। जितना प्यार और देखभाल लड़कों को मिलता है, उससे कई गुना कम प्यार और देखभाल लड़कियों को मिल रही है या यूँ कहें कि लड़कियां पारिवारिक प्यार पाने को तरस जाती है। हमारी संस्था इस क्षेत्र में काम करने लगी और लगातार इस विषय पर बहस-विमर्श चलाया गया, शिविर, सेमिनार, नाटक आदि माध्यमों को अपनाया गया। आज संदर्भ अधिकांश गांवों में "लड़का- लड़की एक समान", पहले पढाई फिर विदाई जैसे नारे और सन्देश गूंजते है। आज लड़कों की अपेक्षा स्कूलों में बच्चियां ही ज्यादा हैं। ड्रॉप आउट आज भी है परन्तु, स्कूल या कॉलेज के आभाव के कारण। कई बच्चियों ने चाइल्ड हेल्प लाइन नंबर 1098 पर कॉल कर कस्तूरबा में नामांकन कराया है। बच्चियां जिद भी करती है, अपने विवाह को रोकती भी है और दूसरी सहेलियों का भी। इस अभिशाप को जड़ से ख़त्म करने के लिए अभी और काम करने की आवश्यकता है।

 स्मृति के गलियारों से...

घरेलु हिंसा : चुप भला क्यों रहें...

घरेलु हिंसा, पारिवारिक विवाद इस इलाके की आम बात थी। लोग दिनभर ढिबरा चुनते और शाम को जब घर लौटते तो लोग शराब जरुर पीते और जहाँ शराब है वहां क्या कुछ नहीं अनर्थ होगा। इस अनर्थ का शिकार ज्यादातर महिलाएं एवं किशोरियां होती थी। हमलोगों ने जब इस इलाके में अपना अभियान चलाना शुरू किया तो लोग खासकर महिलाएं एकजुट हुई एवं विरोध करना शुरू किया। पूरी तरह शराब पर पाबन्दी तो नहीं लगी पर चाहे-अनचाहे जो हिंसा, गाली-गलौज होता था, वातावरण-माहौल जो बिगड़ रहा था, पर जरुर कण्ट्रोल हुआ। शराब बिकना बंद हुई तो लोग दूर जाकर पीने या पी कर आने के क्रम में ही आधा नशा उतर जाने लगा। जो पैसे बचे वे बच्चों को पढ़ाने में खर्च होने लगे। वहीं महिलाओं ने मारपीट, हिंसा आदि का विरोध करना शुरू किया। कानून का सहारा लेने लगी।। हमारे दो साथी आली से भी

जुटी और महिलाओं को सशक्त करने का भरसक प्रयास किया। महिलाओं की चुप्पी टूटी, यह जानकर-देखकर अच्छा लगा

माइका गरम मसाला की प्रसिद्धि:

कोडरमा को चूँकि माइका नगरी कहा जाता है। माइका यहाँ की जान है। जब गाँव में जे. एल. जी. बना और मसाला पैकिंग का कार्य प्रारंभ हुआ तो लोगों ने अपने ब्रांड का नाम माइका गरम मसाला रखा। आज माइका गरम मसाला छोटे-बड़े सभी राशन दुकानों में उपलब्ध है।

जन प्रतिनिधियों का ध्यान

वोट लेने के समय ही कोई जनप्रतिनिधि इस इलाके में पहुंचते थे। अब कार्यक्रमों में सक्रिय भागीदारी की बात हो या फिर अपने प्रयास से इस इलाके के लोगों तक सुविधा पहुँचाने की बात हो, अक्सर दिखाई देते हैं। तात्कालिक जिप अध्यक्ष श्रीमती शालिनी गुप्ता ने सबसे ज्यादा इस क्षेत्र का भ्रमण किया और लोगों को राहत और सुविधा पहुंचाने का कार्य किया। वहीं, तात्कालिक सांसद रविन्द्र राय ने ढाब पंचायत को आदर्श पंचायत के लिए गोद लिया। इसके बाद कई छोटे बड़े कार्य हुए। जिसमें गोरियाडीह गांव तक कुल 6 किमी तक पक्कीकरण का कार्य सबसे ज्यादा सराहनीय रहा। प्रखंड विकास पदाधिकारी हो या फिर छोटे बड़े जनप्रतिनिधि सभी का ध्यान इस क्षेत्र में गया और कपकपाती ठण्ड से बचने हेतु आदिवासी एवं अन्य

स्मृति के गलियारों से...

अभिवंचित समुदाय के बीच खूब कम्बल वितरण किया गया। तात्कालिक शिक्षा मंत्री सह विधायक श्रीमती नीरा यादव ने भी इस इलाके को बेहतर करने का प्रयास किया। बंगाखलार स्कूल को हाई स्कूल बनाने का भी प्रस्ताव स्वीकार किया और राज्यस्तर तक अनुशंसा कर भेज दिया गया जो अब फलीभूत होता दिख रहा है।

जंगली प्रजातियाँ खतरे में

आदिवासियों का जंगल से गहरा नाता है। वन्यप्राणी भी हमारे लिए उतना ही महत्त्व रखते है जितना जंगल। जीवन को जीवित रखने के लिए हवा, पानी तथा भोजन अतिआवश्यक है। वन्य प्राणियों तथा वहां रहने वाले लोगों को भोजन तो किसी प्रकार मिल जाता है, लेकिन जल की उपलब्धता पर्याप्त नहीं है। ख़ासकर गर्मियों में भारी फज़ीहत हो जाती है। इस समय अधिकतर नदी नाले सुख जाते हैं। ग्रामीण दूर से पानी लाते हैं, नहाना तथा कपडे धोने का पानी उन्हें खोजना पड़ता है। जंगली जीवों को भी भारी कष्ट होता है, वे पानी की तलाश में जंगलों के बाहर निकल कर गाँवों की ओर चले आते हैं। कई बार ग्रामीणों के हाथों वे मारे भी जाते हैं। इससे कई प्रजातियाँ आज खतरे में हैं। पहले जब लोग जंगल जाते थे तो कई तरह के जानवर वहां दिखते थे, आज नहीं दिखते हैं।

गांव कबराबूट : ग्रामीणों ने बनाया नाले को आहर

कबराबूट, बंगाखालर पंचायत का एक गाँव है। जहाँ कुल 26 परिवार हैं। सभी ढिबरा चुनकर गुजारा करते हैं। यहाँ के लोग पहले पीने व नहाने के लिए नाले का पानी इस्तेमाल किया करते थे। टीम ने जब समुदाय के साथ बैठक कर गांव के मुद्दों पर चर्चा शुरू की तो कुछ महीनों के बाद लोगों को इस बात की समझ आई कि हम हीं लोगों को कुछ करना पड़ेगा। सभी ने पानी की महत्ता को समझा और फिर गांव के बगल में बहने वाले नाले को बांधने का निर्णय लिया। फिर क्या सभी ने चंदा जमा किया। समर्पण से भी चंदे का प्रस्ताव रखा गया। टीम के द्वारा भी चंदा राशि दी गयी। कुछ कुदाल, गेती, टोकरी आदि मुहैया कराया गया। चूँकि, जहाँ नाला बांधा जाना था वह जंगल की ज़मीन है। इस बात का डर तो था ही, सो ग्रामीणों ने जेसीबी से जल्दीबाजी में एक ही रात में नाले को बांध कर आहार बना दिया। सारे ग्रामीण लग गए इसे ठीक करने में, फिर क्या, देखते ही देखते आहर बनकर तैयार हो गया।

स्मृति के गलियारों से...

अभी वहां सालों भर पानी रहता है। और जहाँ पानी है वहां जीवन का अस्तित्व भी। अभी आस पास का खाली परती ज़मीन हरी भरी हो गई है, और लोगों के चेहरे पर ख़ुशी की लहर है। लोग अब नहाने व खेती करने के साथ-साथ मछली भी पालते हैं।

पानी का प्रबंध : थालियों में तिरंगा भोजन

ढोढाकोला, बंगाखालर एवं ढाब के सुदूरवर्ती क्षेत्रों में जहाँ चैकडैम या तालाब बनने की संभावना थी, को चिन्हित किया फिर समुदाय के सहयोग से पानी संचय हेतु दिन रात मेहनत की गयी। टीम के द्वारा राशन आदि की व्यवस्था की गयी। हर रोज़ सभी के लिए जंगल में पिकनिक (भोजन) बना और देखते-देखते बोरा बांध, तालाब, डोभा, कुआं निर्माण, कुआं मरम्मति आदि कार्य किया गया। जिसे आज भी असनातरी, महुआटोली, लेंगरापरास, खैराटांड, सेवाटांड, वंदना, ढाब, लेवड़ा, महुआटोली, अम्बातरी, घटवारीटोला, नीमाटोला आदि टोलों में इसे देखा जा सकता है। एकत्रित पानी का इस्तेमाल नहाने और खेती में किया जाने लगा है। पानी का प्रबंध हो जाने से लोग ढिबरा के साथ खेती भी कर रहे है। इससे इनकी आर्थिक स्थिति मजबूत हो रही है। थालियों में हमेशा 'तिरंगा भोजन' सजा देख मन प्रभुल्लित हो उठता है।

वर्षाती नदी-नाले : बहुआयामी उपयोग

हमारे वनक्षेत्र में बहुत सारे जीवंत तथा वर्षाती नदी-नाले है, जिसका अगर उचित प्रबंधन किया जाए तो सालों भर पानी संग्रह हो सकता है। वन्य प्राणियों के साथ-साथ आस-पास रहने

स्मृति के गलियारों से...

वाले ग्रामीणों को भी इसका भरपूर लाभ मिलेगा। टीम के द्वारा कुछ ऐसे स्थलों एवं स्रोतों को चिन्हित किया गया है जहाँ यदि बांधा जाए तो फिर इसका बहुआयामी उपयोग संभव है।

फ़ज़ीहत और विकल्प:

किसी ने सच ही कहा है कि हम सभी के अंदर अपने जीवन में बेहतर बदलाव लाने की कमाल की ताकत होती है। बस जरूरत है सही समय पर सही निर्णय लेने एवं सही अवसर की तलाश करने की। कुछ इसी तरह के अवसर की तलाश खैराटांड, कबराबूट एवं गोरियाडीह

की महिलाओं ने की। इन गांवों की महिलाओं ने बकरी पालन को वैकल्पिक रोजगार के रूप में चुना और आज भी अच्छे से इस बिज़नेस को आगे बढ़ा रही है।

स्मृति के गलियारों से...

बताते चले कि एक तरफ कोविड की वजह से लॉकडाउन, वहीं दूसरी तरफ जिला प्रशासन की सख्ती की वजह से इस इलाके में ढिबरा चुनने पर पांबदी लगा दी गयी, तब परिवारों में खाने-पीने को लेकर फ़ज़ीहत होने लगी। इसी क्रम में कईयों ने अलग-अलग विकल्प चुने। वहीं, डोमचांच प्रखंड की खैराटांड, कबराबूट एवं गोरियाडीह गांव की 40 महिलाओं ने बकरी पालन कर अपनी जीविका को आगे बढ़ाने का निर्णय लिया। फिर सभी महिलाओं ने समर्पण संस्था से संपर्क स्थापित किया। संस्था के मार्गदर्शन में महिलाओं ने जेएलजी ग्रुप बनाया। फिर संस्था के द्वारा महिलाओं को बकरी पालन करने हेतु न सिर्फ सहयोग किया बल्कि, प्रबंधन एवं उचित देखभाल को लेकर प्रशिक्षण भी दिया, सभी बकरियों का इलाज एवं टीकाकरण भी कराया गया। इस तरह आज 40 महिलाओं के द्वारा बकरी पालन किया जा रहा है।

कबराबूट की शकुना देवी कहती हैं कि हमारे क्षेत्र में कई समस्या है। हमलोगों को भी लगता था कि ढिबरा के अलावा दूसरा कोई रोजगार का साधन नहीं है लेकिन, समर्पण संस्था के साथियों ने रास्ता दिखाया, पूंजी दी, फिर आज हमलोग बकरी पालकर पिछले दो साल से 50 से 60 हजार रूपये कमाई कर ले रहे हैं। उन्होंने कहा कि संस्था के नियम के अनुसार हमलोग एक बकरी के बदले दो बकरी अपने पड़ोसी को सहयोग भी करते हैं। एक बकरी पूंजी वापसी के नाम पर और दूसरा सहयोग करने के नाम पर। पड़ोसी भी इसी नियम व शर्त का अनुपालन करते है। इस तरह सभी घरों में धीरे-धीरे बकरी होने लगी है।

खैराटांड टोला की पार्वती देवी कहती हैं कि आर्थिक तंगी से निपटने के लिए घरों में बकरी होना बहुत ज़रुरी है। समर्पण के सहयोग से पहले 2 बकरी खरीदी, आज हमारे पास 7 बकरी एवं 2 बकरी के बच्चें है। इसे बेचेंगे तो लगभग 12 से 13 हजार रूपये मिलेंगे।

बिसनी देवी कहती हैं कि हमारा क्षेत्र जंगल वाला है। इस क्षेत्र में बकरी पालना बहुत आसान है। थोड़ा देखभाल जरूरी होता है। ढिबरा बंद हो गया है तो हम सभी महिलाएं बकरी पालकर हर साल 50 से 60 हजार का पाठा बेच लेते हैं।

सुगिया देवी कहती हैं कि बकरी चराने हेतु हमलोगों ने पारी बाँट ली है। इससे समय की बचत तो होती ही है और एक दूसरे का काम में सहयोग भी हो जाता है। उन्होंने बताया कि बकरा बड़ा होता है तो उसे उचित दाम पर बेचकर अपनी जरूरतों को पूरा करते हैं।

बताते चले कि संस्था के द्वारा पहले मात्र 6 परिवारों को 12 बकरी दी गयी थी। इन्ही 12 बकरियों के बच्चों के रोटेशन प्रक्रिया से 40 परिवारों को बकरी उपलब्ध कराया गयी। यह प्रक्रिया आज भी जारी है चूँकि, माना जाता है कि बकरी गरीबों का मिनीबैंक एवं दुधारू गाय की तरह है। जो उनकी खास ज़रुरत पर काम आती है और यह बात यहाँ सिद्ध हो रही है। वैसे माईका-माइंस क्षेत्र में बकरी पालन की अपार संभावनाएँ है।

स्मृति के गलियारों से...

बांस के उत्पाद : स्वास्थ्य एवं पर्यावरण को भी फायदा

बांस के विभिन्न उत्पादों पर कौशल प्रशिक्षण शिविर का आयोजन कर उन्हें विभिन्न सामग्रियों के निर्माण की कला कौशल सिखाया गया। बांस के विभिन्न आकर्षक सामग्री निर्माण किए जा रहे हैं। जिसमें से मुख्य रूप से बाम्बू के फ्लावर पॉट, लेटर बॉक्स, चटाई, फाइल ट्रे, पेन स्टैंड, वॉल डेकोरेशन गुलदस्ता, फूल डलिया, कप, सूप, मोनी, टोकरी, प्लेट, चम्मच, आदि शामिल हैं। चूँकि, हमारा उद्देश्य महिलाओं को स्वरोजगार के विभिन्न क्षेत्रों में आत्मनिर्भर बनाना है। वैसे, बांस उत्पाद की विभिन्न सामग्रियों की बिक्री एवं बांस के उत्पादन के लिए हमारे जिले में काफी संभावना है। गांव के लोग अब आधुनिक तरीके से काम करेंगे और जिला व राज्य की सांस्कृतिक विरासत को भी सजाने का कार्य करेंगे। इसी मंशा के साथ यह कार्य शुरू किया गया। बांस से निर्मित सामग्री काफी आकर्षक लगती हैं, वहीं, इनके इस्तेमाल से हम स्वास्थ्य एवं पर्यावरण को भी फायदा पहुंचा रहे हैं।

 स्मृति के गलियारों से...

चुआं से कुआं की ओर

ढोढाकोला, बंगाखालर एवं ढाब पंचायत में खैराटांड, महुआटांड, फुटलहिया, सेवाटांड, वंदना जैसे कुछ ऐसे टोले हैं जहाँ पहले चुआं से पानी पीते थे। कुल मिलाकर कहा जाए तो लोगों को साफ़ पानी नसीब नहीं हो रहा था। गर्मी के दिनों में फ़ज़ीहत बढ़ जाती थी। पानी के आभाव में लोग चाहकर भी नहा नहीं पाते थे। लोगों के पास इतने संसाधन नहीं थे कि कुआँ बन सके। जंगल का ज़मीन होने के कारण सरकारी योजना के तहत कुआँ बनना मुश्किल था। ऐसे में संस्था एवं समुदाय की पहल से रास्ता खोज निकाला गया। नदी किनारे चुआं को ही कुआँ बना दिया गया। जहाँ लगा कुआँ बन सकता था तो कुआँ बना। जहाँ लगा डाडी बन सकता है

वहां डाडी बना। जहाँ लगा सिरिंज बांध बन सकता है वहां सिरिंज बांध बनाया गया। कुछ गांवों में बाप-दादा के समय का कुआं था, जो जीर्ण शीर्ण अवस्था में था, थोड़ी सी मरम्मत से यह भी चालू हो सकता था, उसे मरम्मत किया गया। अब भला काहे हो पानी की किल्लत। उधर, कुछ राजस्व गांवों में जिला प्रशासन एवं पंचायत की पहल से पानी टंकी/जलमिनार लगा दिया गया। अब ग्रामीणों को आसानी से शुद्ध पानी मिलने लगा है।

स्मृति के गलियारों से…

तालाब निर्माण, बोरा बांध, चेक डैम, चुआं से कुआं, पुराने कुओं की मरम्मत से समुदाय की जिन्दगी में खुशहाली एक्सपोजर विज़िट बहुत काम आया

हमलोग जब एक्सपोजर में पानी प्रबंधन का कार्य देखने रायपुर, छत्तीसगढ़ स्थित समर्थ संस्था के क्षेत्र में गए तो वहां हमलोगों को यह एहसास हुआ कि जल उपलब्ध है तभी हमारा आपका भविष्य सुरक्षित है। वैसे अपना देश हो या फिर अन्य कोई भी देश, सभी देशों की धरती से पानी ख़त्म हो रहा है। यहाँ भी हमलोगों ने यही देखा। लेकिन, समुदाय और संस्था ने मिलकर जो हल निकाला वह अनोखा और सीखने योग्य था। वहां से जो सीखा उसे हमलोगों ने अपने माइका माइंस एरिया में अप्लाई किया। हमलोगों ने भी छत्तीसगढ़ के पानी प्रबंधन के तर्ज पर जंगल से होकर बहने वाली नदी नालों को संरक्षित करने का प्रयास किया। समुदाय का सहयोग लिया। लोग त्रस्त थे ही। बस उन्हें सहारा और हिम्मत चाहिए थी। जो हमलोगों ने दिया। लोग चुआं (सूखे नदी नाले में गड्ढा खोदकर पीने का पानी लेना) से पानी लेते थे। गर्मी में यह भी नसीब नहीं हो पाता था। पानी के लिए मीलों दूर जाना पड़ता था। महिलाऐं परेशान हो

जाती थीं। फिर क्या, इन सभी चुओं को कुँए में बदलने का फैसला लिया गया। नए कुओं के निर्माण के लिए भी सोचा गया। बैठकों में प्रस्ताव पारित हुए। गाँव के लोग आपसी चंदा जमा करने एवं दिन रात खटने को ठाना। जो संसाधन स्थानीय स्तर पर संभव नहीं होने जैसा था उसे हमलोगों ने अपनी संस्था से मदद कर दिया जैसे सीमेंट, बालू, ईंट, प्लास्टिक, कुदाल इत्यादि। ठीक दूसरे-तीसरे दिन से कार्य प्रारंभ हुआ। लोकल स्तर पर मिलने वाले संसाधन जैसे पत्थर, बालू आदि का संग्रह होने लगा। देखते-देखते श्रमदान से तस्वीर बदलने लगी। लोग उत्साहित थे। कुछ लोगों ने जंगल में ही चूल्हा जला दिया। सभी के लिए जलपान और दोपहर का भोजन बनना शुरू हो गया। इस तरह कुल 8 टोलों में कुँए, तालाब, बोरा बांध का निर्माण हो गया। यानि पानी की समस्या से निजात मिल गया। लोग कहते हैं कि इतना पानी जमा करने के लिए सरकार को लाखों रूपये खर्च करना पड़ता।

स्मृति के गलियारों से...

हमारे पास पानी प्रबंधन के लिए जो अनुभव एवं देशज ज्ञान है उसी के आधार पर यह बना। न कोई इंजीनियर और न कोई एक्सपर्ट। पर हमारा यह देशज ज्ञान किसी एक्सपर्ट के ज्ञान से कम भी नहीं है। सैवाटाड, महुआटोली, महुआतांड, अम्बातरी, फुट्लाहिया, लेंगराप्रास, बेलपहारी एवं असनातरी गाँवों की समस्या बिलकुल एक जैसी थी। ये सभी गाँव जंगल के अन्दर बसे हुए हैं। लोग, गन्दा पानी पीकर बीमारियों के शिकार हो रहे थे। बच्चे सबसे ज्यादा भुक्तभोगी थे। पेट की शिकायत आम थी। एक बात यह भी थी कि जंगल के अन्दर सरकारी योजनाएं क्रियान्वित नहीं हो सकती थी चूँकि, एन. ओ. सी. मिलना मुश्किल होता है। पर, समुदाय ने अपने भले के लिए कुछ ऐसा कर दिया। जो देखने लायक है।

इतना ही नहीं, गांव में जो कुँए जर्जर हो चुके थे, जहां जाना खतरे से खाली नहीं था, को भी चिन्हित किया गया एवं उसका सम्पूर्ण मरम्मती कर उपयोग में लाया जाने लगा। बरसात के दिनों में बाहरी पानी जो कुँए में प्रवेश करता था, बंद हो गया। थोड़ी सी खर्च और श्रमदान से यह संभव हो सका। ग्रामीणों को थोड़ी सी हिम्मत देने, प्रोत्साहित करने, मार्गदर्शन देने आदि मात्र से बहुत कुछ हो सकता है। प्यास बुझने के साथ-साथ गांव की आर्थिक स्तिथि भी बदल गई है। अब ग्रामीण नकदी फसलें भी उगा रहे हैं। हालाँकि, इस दिशा में अभी और कार्य किया जाना शेष है।

इतना ही नहीं, हमलोगों ने अपने सभी गांवों में पानी मित्र का चयन किया। उनके साथ मिलकर विद्यालाओं में, बच्चों के साथ विविध कार्यक्रम आयोजित किये। निबंध लेखन, पोस्टर निर्माण, यात्रा, रैली, दीवाल लेखन आदि। इस तरह क्षेत्र में पानी को लेकर एक सकरात्मक वातावरण का निर्माण किया गया है।

कॉलेज में पढ़ते हुए हम कुछ युवा साथी वर्ष 1996 से लेकर वर्ष 2006 तक पर्यावरणविद स्व. विश्वनाथ मंडल के नेतृत्त्व में चल रहे वन सुरक्षा अभियान में आ गए फिर, जुड़ाव से कार्यकर्ता निर्माण का प्रशिक्षण प्राप्त कर पर्यावरणविद श्री घनश्याम जी के साथ आन्दोलनों एवं जनसंगठनों में कार्य किया। इस बीच कुछ संस्थाओं से फेलोशिप प्राप्त कर जनांदोलनों को गति दे रहे थे और अख़बारों में जन मुद्दों पर लेख-आलेख, फीचर आदि भी लिखने लगे थे हम सभी साथी खराब आर्थिक पृष्ठभूमि से थे। सामाजिक गतिविधियों के संपादन के लिए स्थानीय स्तर पर चंदा वसूल करते थे। जन मुद्दों पर नुक्कड़ नाटक करना शुरू किया बाद में, एक स्पष्ट विजन, मिशन, उद्देश्य और नीतियां तय करते हुए संस्था समर्पण का पंजीकरण किया गया।

     स्मृति के गलियारों से...

कोडरमा की अवैध अभ्रक खदानों में संलिप्त बच्चों को मुक्त कराने एवं उन्हें शिक्षा की मुख्य धारा में लाने का अभियान तेज़ हुआ। श्री इंद्रमणि साहू के नेतृत्व में न सिर्फ बच्चों के अधिकारों बल्कि अभिवंचित समुदाय के हक़ अवं अधिकार बहाली हुए, उन्हें सरकारी योजना का लाभ मिले इसके लिए कई महत्वपूर्ण कार्य किये गए। नुक्कड़ नाटक टीम सूचना एवं जन संपर्क विभाग से इन्टैनल हुआ और जिले के सभी 6 प्रखंडों में व्यापक रूप से जागरूकता कार्यक्रम चला। इस अभियान में लोग जुड़ते गए और कारवां बनता गया। श्री इन्द्रमणि साहू को बेहतर लेखन कार्य के लिए नेशनल मीडिया अवार्ड मिला।

बाल विवाह, बाल तस्करी, बाल श्रम, हिंसा आदि की रोकथाम को लेकर गांव-गांव में अभियान तेज़ हो चूका था। कोडरमा के कुल 18 बच्चें बंगलोर से रेस्क्यू हुए, जिन्हें वापस लाने एवं पुनर्वासित कराने में अहम् योगदान निभाया। तब से माइका माइंस एरिया में संस्था ने सघन रूप से कार्य करना प्रारंभ किया तथा कार्यक्षेत्र का विस्तार किया। संस्थानिक नीतियाँ बनाई जा रही थी और लगातार आवश्यकतानुसार संशोधन हो रहा था। संस्थानिक पंजीकरण लगभग पूरा हो चूका था।

स्थानीय मुद्दों पर लगातार कार्य करने से जिला व राज्य में एक अलग पहचान बन चुकी थी। कई समिति, नेटवर्क, अलायन्स के सदस्य बन चुके थे। हम साथी लगातार विभिन्न विषयों पर दक्ष हो रहे थे, स्थानीय एवं अन्य देशों से डोनेशन के लिए लगातार संघर्ष किया जा रहा था। पीएचएफ ने पहली बार हमारे कार्यों को न सिर्फ सराहा बल्कि आर्थिक मदद देकर मूल्यों एवं उद्देश्यों का विस्तार भी किया। प्लान इंडिया एवं अन्य कुछ संस्थाओं से अवार्ड मिले।

पीएचएफ सहित अन्य कई दान दाताओं का सहयोग मिलना प्रारंभ हुआ और संस्था का कार्यक्षेत्र एवं टीम का विस्तार हुआ। टीडीएच, नाबार्ड, आरएमआई, चाइल्डलाइन आदि का सहयोग प्राप्त हुआ, जिला व राज्य में एक अच्छी संस्था के रूप में पहचान होती गयी।

संपूर्ण लॉकडाउन एवं कोरोना महामारी में हम सभी साथियों ने अपनी जिन्दगी दांव पर रख मानवता की खूब सेवा की, खूब दुआएं, आशीर्वाद हासिल किये। महिलाओं की बढ़ी हिंसा की रोकथाम एवं उनका समुचित पुनर्वासन हेतु जिला हजारीबाग में स्वाधार गृह एवं उज्जवला होम के संचालन का अवसर मिला। 10 परियोजना एवं 100 स्थायी साथियों के साथ उद्देश्यों को ग्रासरूट स्तर पर क्रियान्वित करने की जद्दोजहद जारी है। बेहतर क्रियान्वयन संस्था के रूप में नाबार्ड के द्वारा राज्य स्तर पर द्वितीय अवार्ड प्राप्त हुआ।

झारखण्ड के 10 जिलों में नुक्कड़ नाटक के द्वारा जागरूकता कार्यक्रम किया गया। कोडरमा सहित राज्य के हज़ारीबाग एवं लोहरदग्गा में कार्यालय एवं परियोजनाओं का विस्तार किया गया। साथ ही, उत्तर प्रदेश के चंदौली जिले में भी वेलस्पन फाउंडेशन के साथ जुड़कर आजीविका संवर्धन एवं महिला व किशोरियों के स्वास्थ्य के मुद्दे पर कार्य किया जा रहा है।

OUR JOURNEY

कॉलेज में पढ़ते हुए हम कुछ युवा साथी वर्ष 1996 से लेकर वर्ष 2006 तक पर्यावरणविद स्व. विश्वनाथ मंडल के नेतृत्त्व में चल रहे वन सुरक्षा अभियान में आ गए फिर, जुड़ाव से कार्यकर्ता निर्माण का प्रशिक्षण प्राप्त कर पर्यावरणविद श्री घनश्याम जी के साथ आन्दोलनों एवं जनसंगठनों में कार्य किया इस बीच कुछ संस्थाओं से फेलोशिप प्राप्त कर जनांदोलनों को गति दे रहे थे और अख़बारों में जन मुद्दों पर लेख-आलेख, फीचर आदि भी लिखने लगे थे हम सभी साथी खराब आर्थिक पृष्ठभूमि से थे। सामाजिक गतिविधियों के संपादन के लिए स्थानीय स्तर पर चंदा वसूल करते थे। जन मुद्दों पर नुक्कड़ नाटक करना शुरू किये बाद में, एक स्पष्ट विजन, मिशन, उद्देश्य और नीतियां तय करते हुए संस्था समर्पण का पंजीकरण किया गया।

कोडरमा की अवैध अभ्रक खदानों में संलिप्त बच्चों को मुक्त कराने एवं उसे शिक्षा की मुख्य धारा में लाने का अभियान तेज हुआ। श्री इंद्रमणि साहू के नेतृत्व में न सिर्फ बच्चों के अधिकारों बल्कि अभिवंचित समुदाय के हक़ अधिकार बहाली हो, उन्हें सरकारी लाभ योजना का लाभ मिले इसके लिए कई महत्वपूर्ण कार्य किये गए। नुक्कड़ नाटक टीम सूचना एवं जन संपर्क विभाग से इन्पैनल हुआ और जिले के सभी 6 प्रखंडों में व्यापक रूप से जागरूकता कार्यक्रम चला। इस अभियान में लोग जुड़ते गए और कारवां बनता गया। श्री इन्द्रमणि साहू को बेहतर लेखन कार्य के लिए नेशनल मिडिया अवार्ड मिला।

स्मृति के गलियारों से...

बाल विवाह, बाल तस्करी, बाल श्रम, हिंसा आदि की रोकथाम को लेकर गांव-गांव में अभियान तेज हो चुका था। कोडरमा के कुल 18 बच्चे बंगलोर में रेस्क्यू हुए, जिन्हें वापस लाने एवं पुनर्वासित कराने में अहम् योगदान निभाया। तब से माइका माइंस एरिया में संस्था सघन रूप से कार्य करना प्रारंभ किया। कार्यक्षेत्र का विस्तार किया गया। सभी संस्थानिक नीतियाँ बन रही थी और लगातार आवश्यकतानुसार संशोधन हो रहा था। संस्थानिक लगभग सभी तरह पंजीकरण हो चुका था।

स्थानीय मुद्दों पर लगातार कार्य करने से जिला व राज्य में एक अलग पहचान बन चुकी थी। कई समिति, नेटवर्क, एलायन्स के सदस्य हो चुके थे। हम साथी लगातार विभिन्न विषयों पर दक्ष हो रहे थे। स्थानीय एवं अन्य देशों से डोनेशन के लिए लगातार संघर्ष किया जा रहा था। Phf ने पहली बार हमारे कार्यों को न सिर्फ सराहा बल्कि आर्थिक मदद देकर मूल्यों एवं उद्देश्यों का विस्तार भी किया। प्लान इंडिया एवं अन्य कुछ संस्थाओं से अवार्ड मिले।

Phf सहित अन्य कई दान दाताओं का सहयोग मिलना प्रारंभ हुआ और संस्था का कार्यक्षेत्र एवं टीम का विस्तार हुआ। टीडीएच, नाबार्ड, आरएमआई, चाइल्डलाइन आदि का सहयोग प्राप्त हुआ। जिला व राज्य में एक अच्छी संस्था के रूप में पहचान होती गयी।

संपूर्ण लॉकडाउन एवं कोरोना महामारी में हम सभी साथियों ने अपनी जिन्दगी दांव में रख मानवता की खूब सेवा की। खूब दुआएं, आशीर्वाद हासिल किये। महिलाओं की बढ़ी हिंसा की रोकथाम एवं उनका समुचित पुनर्वासन हेतु जिला हजारीबाग में स्वाधार गृह एवं उज्जवला होम के संचालन का अवसर मिला। 10 परियोजना एवं 100 स्थायी साथियों के साथ उद्देश्यों को ग्रासरूट स्तर पर क्रियान्वित करने की जद्दोजहद जारी। बेहतर क्रियान्वयन संस्था के रूप में नाबार्ड के द्वारा राज्य स्तर पर द्वितीय अवार्ई प्राप्त हुआ।

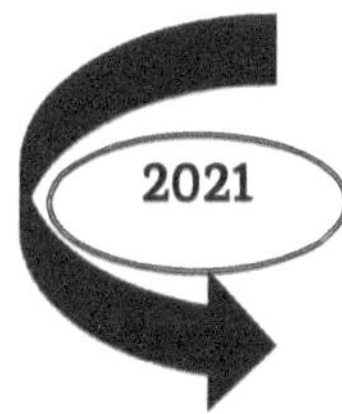

स्मृति के गलियारों से...

झारखण्ड के 10 जिलों में नुक्कड़ नाटक के द्वारा जागरूकता कार्यक्रम की जा रही है। कोडरमा सहित राज्य के हजारीबाग एवं लोहरदगा में कार्यालय एवं परियोजनाओं का विस्तार किया गया। साथ ही, उत्तर प्रदेश के चंदौली जिला में भी वेलस्पन फाउंडेशन के साथ जुड़कर आजीविका संवर्धन एवं महिला व किशोरियों के स्वास्थ्य के मुद्दे पर कार्य किया जा रहा है।

स्मृति के गलियारों से...

कच्ची सड़क से पक्की सड़क की ओर

स्मृति के गलियारों से...

पानी बिन सब सुन
अब धरा पर हरियाली और जीवन में खुशहाली

स्मृति के गलियारों से...

स्मृति के गलियारों से…

कोडरमा 04-04-2022

तीन गांव की 40 महिलाएं बकरी पालन कर बन रही हैं स्वावलंबी, हर साल 50 से 60 हजार रु. हो रही आमदनी

भास्कर न्यूज। कोडरमा

लगातार दो साल तक कोविड महामारी की मार व ढिबरा चुनने पर प्रशासनिक रोक के बाद डोमचांच प्रखंड के खैराटांड, कब्जराकूट एवं गोरियाडीह की महिलाओं ने बकरी पालन को वैकल्पिक रोजगार के रूप चुन स्वावलंबी बनने की राह आसान कर रही है। बताते चलें कि एक तरफ कोविड की वजह से लॉकडाउन के दौरान परिवारों में खाने-पीने को लेकर परेशानी होने पर कई लोगों ने अलग-अलग विकल्प चुने। जबकि इन गांवो की 40 महिलाओं ने बकरी पालन कर अपनी जीविका को आगे बढ़ाने का

निर्णय लिया। महिलाओं ने समर्पण संस्था से संपर्क स्थापित किया। संस्था के मार्गदर्शन में महिलाओं ने जेएलजी ग्रुप बनाया। संस्था के द्वारा महिलाओं को बकरी पालन करने हेतु न सिर्फ सहयोग किया बल्कि, प्रबंधन एवं उचित देखभाल को लेकर प्रशिक्षण भी दिया, सभी बकरियों का इलाज एवं टीकाकरण भी कराया गया। इस तरह आज 40 महिलाओं के द्वारा बकरी पालन किया जा रहा है। कब्जराकूट की शकुन देवी कहती हैं कि हमारे क्षेत्र में कई समस्या है। हमलोगों को भी लगता था कि ढिबरा के अलावा दूसरा कोई रोजगार का साधन नहीं है, लेकिन आज हमलोग बकरी पालकर पिछले दो साल से 50 से

60 हजार रुपए आमदनी कर रहे हैं। उन्होंने कहा कि संस्था के नियम के अनुसार हमलोग एक बकरी के बदले दो बकरी अपने पड़ोसी को सहयोग भी करते हैं। एक बकरी पूंजी वापसी के नाम पर और दूसरा सहयोग करने के नाम पर। पड़ोसी भी इसी नियम व शर्त का अनुपालन करते हैं। इस तरह सभी घरों में धीरे-धीरे बकरी होने लगा है। खैराटांड टोला की पार्वती देवी कहती हैं कि आर्थिक तंगी से निपटने के लिए घरों में बकरी होना बहुत जरूरी है। पहले 2 बकरी खरीदी, आज हमारे पास 7 बकरी एवं 2 बकरी का बच्चा है। इन्हें बेचेंगे तो लगभग 12 से 13 हजार रुपए मिलेंगे। सुगिया

देवी कहती हैं कि बकरी चराने के लिए, हमलोगों ने पारी बांट लिया है, इससे समय की बचत होती है और एक दूसरे का काम में सहयोग भी हो जाता है। समर्पण के सचिव इन्द्रमणि साहु ने बताया कि संस्था के द्वारा पहले मात्र 6 परिवारों को 12 बकरी दी गई थी। इसी 12 बकरी के बच्चे के रोटेशन प्रक्रिया से 40 परिवारों को बकरी उपलब्ध कराया गया। यह प्रक्रिया आज भी जारी है। उन्होंने बताया कि बकरी गरीबों का मिनीबैंक एवं दुधारू गाय की तरह है, जो उनकी खास जरूरत पर काम आता है। उन्होंने बताया कि माइका-माइंस क्षेत्र में बकरी पालन की अपार संभावना है।

चुआं खोद कर पानी पीने को मजबूर हैं लोग

प्रतिनिधि ▷ डोमचांच

प्रखंड के अंतर्गत चंद्रवारा पंचायत के फुलझरकुंड के फुटगुमडीह गांव में आम लोगों को शुद्ध पेयजल नसीब नहीं हो रही है, यह आदिवासी गांव है, यहां सरकार का कोई ध्यान नहीं है, यहां के लोग कई मूलभूत समस्या से भी

जूझ रहे हैं, कई महीनों से खराब पड़ा चापाकल लोगों का मुंह चिढ़ा रहा है, पानी लाने की एक-एक बूंद का पानी मुलताज हो जाते हैं और शुद्ध पेयजल नसीब नहीं हो पाता है, ग्रामीणों ने कहा कि मुखिया बिरसनी देवी को बताया गया कि चलो चापाकल खराब पड़ा है तो उन्होंने कहा बनवा दिया जाएगा,

लेकिन आज तक चापाकल नहीं बना, हम लोग परेशान होकर एक किलोमीटर दूर नदी में चुआं खोद कर पानी पीने को विवश हैं, वहीं पानी से खाना भी बनाते हैं, पानी के अभाव के कारण छह महीनों से प्रधानमंत्री आवास योजना अधूरा पड़ा है, ग्रामीण कैलाश सोरेन ने कहा कि चापाकल 6 महीनों से खराब पड़ा

है, जिससे पानी की दिक्कतें काफी हो रही है, एक किलोमीटर दूर से चुआं बना कर छोटे-छोटे बच्चे व महिलाएं पानी लाती है, किशोर सोरेन ने कहा कि पानी की अभाव में आवास अधूरा पड़ा हुआ है, छोटकी सोरेन ने कहा कि जब जंगल से पानी लाने जाते हैं तो डर बना हुआ रहता है कि भालू और

कोई जंगली जानवर आकर चापाकल न कर दे, छोटे-छोटे बच्चे भी पानी लेने चले जाते हैं, ग्रामीण बाबूलू सोरेन, कामो सोरेन, चड़की देवी, छोटकी सोरेन, चुटकी देवी, मालती कुमारी, सोनालिका कुमारी, चुकी कुमारी आदि ने सरकार से पेयजल संकट को दूर करने की मांग की है.

*****

स्मृति के गलियारों से...